私の人生論

「平凡からの出発」の精神

大川隆法
RYUHO OKAWA

まえがき

まことに平凡な本である。大川隆法なら、もっと堂々と「奇跡論」を説くべきだ、と主張される方も多かろう。

ごもっともな意見である。しかし、本書の内容が、神仏に愛され続けるための秘訣《ひけつ》でもあるのだ。

一人の人間が一生で成し遂《と》げられる仕事は限られている。一人でも多くの人の協力を得て、世の中を感化していきたかったら、自慢する時間を短縮して、コツコツと努力する時間を増やすことである。

若い頃の自分を変えた言葉が二つある。一つは、「嫉妬するかわりに祝福せよ。」

ということであり、もう一つは、「成功したら運がよかったと思い、失敗したら自分の責任だと思え。」という言葉である。

もう一つ、つけ加えるとすれば、「機械的に働く習慣を身につけよ。」ということである。この三つとも「自分は天才である。」という自覚と正反対のところにある。しかし、「悟り」とは、きわめて近いところにある境地である。

二〇二〇年　八月二十五日

幸福《こうふく》の科学《かがく》グループ創始者兼総裁《そうししゃけんそうさい》　大川隆法《おおかわりゅうほう》

私の人生論　目次

第1章　私の人生論

二〇二〇年五月二日　説法《せっぽう》
幸福の科学 特別説法堂にて

第2章　平凡《へいぼん》からの出発

二〇二〇年五月二十四日　説法
幸福の科学 特別説法堂にて

5

「ゼロからやり直す気持ち」があれば、生き筋《すじ》は見つかる

第3章　信用、信用、また信用

二〇二〇年七月四日　説法
幸福の科学 特別説法堂にて

第1章

私の人生論

二〇二〇年五月二日　説法《せっぽう》
幸福の科学　特別説法堂にて

1　途《と》中《ちゅう》報告としての「私の人生論」

最近は、やや、時事的なテーマの話をすることが多くなってきた気がしています。それらは、数カ月すれば少し古くなってくる部分もありますので、ときどき、普遍《ふへん》性のある、永《なが》く遺《のこ》せるような話もしなければいけないのではないかと考えました。

「私の人生論」という題での話になりますが、私は若すぎて、まだ少し届かないのです。本当は八十歳《さい》、九十歳ぐらいになって、やっと資格が出るかなという感じです。六十代の、還暦《かんれき》を少し過ぎたぐらいでは、まだ少し早いかと思いますので、「中間報告」ぐらいのつもりで聴《き》いてくだされば幸いです。

七十歳、八十歳、あるいはそれ以後を生きた場合に、どのようなことをしているか、どういう世間様《せけん》の評価が下っているか、まだ分からないところがありますので、十分に説き切る自信はありませんが、世間で言うところの平均的な定年を迎《むか》えるぐらいの年齢《ねんれい》を生きた者として、今までの自分の生き方や考え方を少し振《ふ》り返ってみる機会を持ってもよいかと思っています。

ある意味での中間的な報告ということになるでしょう。まだそこまでの年齢、経験を経《へ》ていない方にとっては、参考になることもあるかと思います。百歳を超《こ》えて頑張《がんば》っておられる人生の先輩《せんぱい》から見ると、まだまだ子供で、「あと一《ひと》世代分ぐらい生きないと、本当は分かっとらん」と言われる可能性もあるとは自分でも思っています。ということで、途中《とちゅう》報告としての「私の人生論」ということになります。

「〝私の人生〟などあったのか」と言われると、「もしかしたら、なかったかもしれない」という気持ちも少しはあります。途中までは〝自分の人生〟という考えはあったのですが、途中から何となく薄《うす》らいできて、あまり自分のことを考えなくなっているのです。

確かに、若いころは「自分の人生をどう生きるか。自分として、どういう生き方や成功を目指すか。どのようなことを成し遂《と》げたいか」というようなことは、よく考えていたと思います。

ただ、途中から、いつの間にか歳月が過ぎて、いつの間にかこういう仕事をしていて、いつの間にか自分のことをあまり考えていないようになっているので、今の時点で自分の人生論と言われたら、「そういうものもあるのかな」というぐらいの感じにしか見えないところはあります。というのは、若いころに考えたものと、現時点で四十年以上たってから考えているものが、だいぶ違《ちが》ってきているからだと思います。

ここでは、あっさりと、ある程度の年代で輪切りにして、振り返ってみたいと思います。

2　子供時代に言葉を身につけるためにした努力

分からない大人の言葉を類推する「文脈推理法《ぶんみゃくすいりほう》」

子供時代から二十歳《はたち》前後ぐらいまでを振《ふ》り返ると、小さいころは、もはや、いかんともしがたいところもあり、何とも言いようがありません。生まれ落ちた環《かん》境《きょう》そのものは、どう見ても、人にうらやまれるほどのこともなく、特別にえぐれなければいけないほどでもありません。日本の戦後の復興期《ふっこうき》を生きた人間としては、普通《ふつう》ぐらいの感覚だったという気持ちはあります。

小さいころは、たまに「利発《りはつ》だ」と言ってくれる人もいましたが、どちらかというと、自己イメージはそれほど高いものではなかったと思います。どちらかというと、自分にはやや多動性の気《け》があったような気がします。それが変わってきたのは、小学校の高学年あたりからでしょう。勉強をするようになってから変わってきたのですが、それは机に向かって座《すわ》っている時間が長くなってきたからだと思うのです。

その前の段階では、やや、やんちゃな多動性の人間で、どちらかというと、会員のみなさまにお伝えするには忍《しの》びない、やや聞き分けの悪い、品行方正《ひんこうほうせい》とは言いかねる部分もありました。幼少時より、特に利発でもなく、特に礼儀《れいぎ》正しくもなく、自制心が高いわけでもなく、ごく普通の育ち方をした、田舎《いなか》の普通の子だったと思います。その時点では、将来どうなるかも分からなかったと思います。時たま、何か冴《さ》えたことも言うようなことはあったらしいということは分かってはいます。

今思い出しても、小学校の低学年ぐらいまでは、大人の言葉や会話等も分からないことも多かったのです。家にテレビが入って観《み》るようになっても、やはり分からない言葉が多く、それをいちいち辞書で引いて調べるわけにもいかず、よく分かりませんでした。「自分は、大人が会話で言っていることが全部は分かっていない。テレビで言っていることも全部は分からない」ということは分かりました。

最初のうちは、いろいろ訊《き》いていたのですが、あまり訊くと親も嫌《いや》がって、「忙《いそが》しいし、うるさい」ということで、いちいち答えてくれなくなってきたのです。しかし、ずっと聞き続けていて、文脈推理法《ぶんみゃくすいりほう》のようなものが身についた感じがします。「ああ、こういうときに、こういう言い方、言い回しをするんだな」「周りのシチュエーションから見て、こう言っているということは、こういう内容がここに来ないとおかしい」というようなことです。言葉自体の意味は、辞書を引いて調べているわけではないので分からないのですが、前後から見て、「こういう意味でなければいけないのかな」という感じで類推するような考え方をするようになりました。

子供には、大人の言葉を全部訊き返す時期があるのです。いちいち、「それ何？　どういうこと？　どういう意味？」と訊くときがあるので、丁寧《ていねい》に答え続ける方もいらっしゃるとは思いますが、仕事を持っている親や忙しい親の場合は、たいてい、うるさく感じて邪険《じゃけん》に扱《あつか》われることもあります。

新聞もあったのですが、徳島新聞でも小学生には十分難しく、第一面の記事から分かりません。小学校の授業を受けただけでは、何を言っているか分からないのです。一面記事に載《の》っているようなことは学校で教わらないので、読んで意味が分かりません。四つ上の兄は小学校から新聞を読んでいたので、「ずいぶん、よく分かるものだな」と感心していたのですが、あちらのほうが早熟だったかもしれません。もしかしたら、親や祖母が教えていたので、言葉を知っていたのかもしれません。私は新聞の一面を読み下すには語彙《ごい》が足りず、知識が足りなかったために、十分ではなかったような気がします。

テレビ等でも、やや分からない言葉が多いので、子供なりに文脈推理法で「前後から見て、だいたいこういうことを言っているはずだ」ということと、繰《く》り返し三回ぐらい使われると、だいたい意味は確定してきて、「こういう意味以外にはたぶんないだろう」ということは分かりました。

これは意外に、大人になっても、みなさん使っているものではないかと思います。辞書はありますが、学校に通って国語の授業などで、予習をして単語の意味を調べたりしているうちは、辞書に頼《たよ》らないと文が読めなかったり、英語でも単語を引かないと文が読めないという段階はあるだろうと思います。その後、何十年か過ごしてみると、辞書など引かなくても日本語はだいたい精通しているでしょうから、「言い回し」からだいたい意味をつかんでいくことをやり続けているのだろうと思います。

英語の勉強でも、そういうところはあります。中学校や高校では一生懸命《いっしょうけんめい》辞書を引いていましたが、大人になってからの勉強だと、必ずしも辞書を引かないことのほうが多いのです。今も辞書はたくさん持っていますが、それほど多く引いてはいません。引いていると、少し流れが止まるのです。私は読むのが非常に速いのですが、辞書を引くと読む速度が止まってしまい、そこで立ち止まるので、今は引かないことが多く、引かなくても分かるようになってきたのだと思います。

同じようなことでは、何度か話したこともありますが、社会人になってから、日経新聞を読んで分からず、半年ぐらい読み続けたら分かるようになったこともありました。確かに、経済新聞などの語彙は、経済学部や商学部なら内容を説明しているものがだいぶあると思いますが、それ以外のところでは、あまり習いません。法学部を出た人は、法律関係なら多少は分かり、政治も多少は分かりますが、経済新聞になるとちょっと分かりません。文学部系統や歴史系統を勉強したような人も、おそらく、分からないということでは一緒《いっしょ》かと思います。そういうこともあって、ある程度、分からなくても意味を取り、類推して読めるような技術に、少しずつ目覚めていった気がします。

父や小説家の伯母《おば》からの影響《えいきょう》で「言葉の感覚」が磨《みが》かれた

小学校の図書館で借りて読む本などであれば、「注」が後ろに付いていて説明がある場合もありますし、「ふりがな」も打ってくれているので、難しい漢字でも読めることは読めます。注がたくさん付いていたのを覚えていますが、そのころは注も読んでいたので、大人の言葉や昔の言葉でも、多少、覚えられたように思います。

ただ、私のころには、すでに当用漢字が使われていて、二千字前後ぐらいまで減っていたと思いますので、知らない漢字がたくさんあるわけです。自分の父親と比べると、父とは三十五歳《さい》ぐらい年の差があるのですが、漢字力にそうとう差があり、戦前の人は、やはり漢字をよく知っていました。

例えば、「筆をおく」ということでも、私たちの時代になると、もう英語の訳のような感じであり、机の上におくという場合は「置《ち》」という字ばかりを書きます。しかし、父を見ると、「おく」は「おく」でも、「置」ではなく、「擱《かく》」というう少し本格的な字や、ほかにも何種類かの書き方をするのです。シチュエーションに合わせて字が違《ちが》うことを知っていて、「漢字には、いろいろあるんだな」と驚《おどろ》くこともありました。

父は若いころ、「格はいく」という五・七・五ではない破調の俳句を先生について勉強していて、よく同人誌に載せていたのです。それを見ると、やたらに難しい漢字が出てきますし、五・七・五ではない言い切り型の俳句で、名詞止めのようなことを嫌《きら》うのです。例えば、普通は「『古池《ふるいけ》や　蛙《かわず》飛び込《こ》む　水の音』の、この名詞止めに余韻《よいん》がある」と教わるわけですが、そうではなく、五・七・五にとらわれずに動詞で言葉を言い切るような俳句をつくって、よく活字で載せていたのです。それで私も、同世代より少しは、古い時代の言葉遣《づか》いを勉強することもありました。

また、伯母《おば》も小説家だったこともあり、どちらかといえば、文系の家系であったと思います。言葉に対しては、けっこう蘊蓄《うんちく》がある人が多かったようです。そういう意味で、私はそれほどよく知らなかったと言いましたが、影響《えいきょう》は受けていると思いますので、言葉の意味や響《ひび》き、使い方等については、田舎の普通の子供たちに比べれば鋭敏《えいびん》なところはあったのかもしれません。小学校の高学年ぐらいになると、作文でも、ある程度いろいろ書けるようになってきた感じがします。

3　うまずたゆまずやり続ける

「なかなか完成することがない人間」としての自覚

小学校の高学年のころ、自分の将来をどう思っていたかを考えると、仕事の内容は、はっきりとは分からないのですが、何か普通《ふつう》の人ではやり遂《と》げられないような、膨大《ぼうだい》な、何十年もかかってまとめ上げる仕事をしそうな自覚はありました。

それが何かは分かりませんでしたが、『広辞苑《こうじえん》』など、厚い国語の辞書のようなものを何十年もかかって編集してつくるような仕事とか、研究社の英和大辞典には百万語ぐらい英語が入っていると思いますが、あのようなものを何十年もかかってつくるような感じというか、何かそのような仕事をしそうな予感が、小学校五、六年ぐらいでは、していた気がします。

これが意味しているものが何であるかというと、たぶん、目から鼻に抜《ぬ》けるような秀才《しゅうさい》ではなかったということだろうと思います。目端《めはし》が利《き》いて、「今はこれが当たりだから、やらなければ」とか、「これがヒットする。これから売れるのは、これだ」「これを今読んでおかないと、損をするぞ」とかいうような感じのものの考え方は、たぶんしていなかったと思われます。

また、できるだけターゲットを絞《しぼ》って、そこに集中して成果をあげるというタイプではなかっただろうと思います。一カ所にドリルを強く押《お》し続ければ穴が開《あ》くというような感じの仕事もありますし、そういう面も、長い間には何度か経験してはいますが、全体的には、それほど〝キレキレ〟の感じではなかったので、「うまずたゆまずやり続けることで、次第《しだい》に大きなものを成し遂げられればいいな」というような感じを持っていた気がします。

大学時代にも同じような気持ちはありました。専門が分かれて、それをやっているけれども、「この専門だけをやって卒業しても、どうしても物足りない」という感じがあり、ほかの学問領域も勉強したい気持ちがやまないところがあったのです。

一般的《いっぱん》には、これはあまり勧《すす》められません。だんだん専門を絞って小さくしていかないと、ものにならず、他人様《ひと》から「プロフェッショナル」と認められるようにはならないのが普通です。能力も大して旺盛《おうせい》でなければ、そうするのが無難《ぶなん》だろうと思うのですが、やや、狭《せま》くなっていくことに対して抵抗《ていこう》する傾向《けいこう》はありました。その意味で、「なかなか完成することがない人間」としての自覚は持っていたと思います。

範囲《はんい》を狭くすれば、徹底《てってい》マスターすることは可能になると思いますが、それをマスターしたら満足するということはなく、まだマスターしていないのに、ほかの領域も勉強していきたくなるタイプでした。

欲張りなのかもしれませんが、永遠に〝凡人《ぼんじん》の部分〟をつくり続けていたような気はします。長くやれば、ある領域についてはエキスパートにはなるのですが、それで満足することはなかったという感じが続きます。

「試験が終わってからが勉強」と思って努力を重ねる

中学のころは田舎《いなか》でしたので、勉強ができても、都会では普通ぐらいだったかもしれません。高校あたりで、客観的に日本全体を見るかぎりは、「東京に出てきて大会社に勤めて、部長にでもなればいいかな」というぐらいのものではなかったかと、自分では思います。

ただ、その後がどうかは別です。周りを見るかぎり、私と似たような成績を取っていた人たちは、それほど大して偉《えら》くはなっていないのです。どこかの会社か役所か研究所等で、何かの役はしているのだろうと思いますが、残念ながらみんな、日本全体に名前を知られるようなところまで偉くはなっていません。ですから、能力的に見れば、それほど変わらなかったのではないかと思います。

逆に言うと、受験でだんだん上に上がっていくほど、勉強のできる人がたくさん出てくるのです。小学校や中学校のときは、そういう人はいなかったものの、高校あたりからだんだん全国区になってくるので、勉強のできる方がたくさん出てきて、なかなか頭角を現すのは大変にはなってくるのです。その受験勉強ができたからといって、それで最終的に成功するわけではないということは、比較《ひかく》的早めに分かっていた気がします。

中間テストや期末テスト、実力テストなどが終わったら、みんな、「試験が終わった。これで解放された」というので、にわかに詰《つ》め込《こ》んで、やっつけ仕事で覚えたものを、全部、一日で忘れてしまうような感じでした。「バーッと遊びに行くぞ」「次の試験の前にまたやればいいから、どこかに繰《く》り出して遊ぼう」という人がけっこう多かったのですが、そういうふうにならなかった感じはありますす。

試験を受けて出来がいいことはめったになく、たいてい、「ああ、よくなかった。できなかった」と思うことのほうが多いのですが、そのように不十分なところを感じたら、「試験が終わってからが勉強だ」と思うことも多くありました。そういうことを漏《も》らすと、その考え方を認めてくれる人もいたし、「バカバカしい」と言う人もいて、両方がいました。「試験が終わってからが勉強だ」と言ったら、「いや、それでこそ本物じゃないか」と言ってくれる友達も、なかにはいたような気がします。昔から〝年中無休タイプだった〟と自分では思っています。「何かがあるから、それだけのためにやる」という感じではなく、「いつでもどこでも」という感じであったと思います。

常に頭と体を鍛《きた》え続けることで、より多くの仕事ができる

また、ときどき言っていますが、東京の勉強の仕方というか、進学校に行っている人の仕方から見れば、私は十分〝体育会系〟だったらしいのです。自分では、それほど体に投資しているとは思っていなかったのですが、意外に投資していたのだと思います。

私は、スポーツは、それほど長くやり続けたり、選手で何かのトップになったりするようなところまではやっていないので、あまり言う資格はないのですが、「長く働く」という意味では、よかった面もあると思います。

比較的コンスタントに真面目《まじめ》にやり続けることはやるので、知らず知らずのうちに一定のレベルまで来ているタイプではあるのかと思います。

その後、社会人になってから四十年仕事をして、もし一般の人たちよりも多くの仕事ができ、その結果として、仕事として遺《のこ》せるものが普通の方よりも多いと

したら、意外に、頭においても体においても、コンスタントに自分を鍛《きた》えることをしていたことで、そうなったのではないかと思います。

一度、病気もしたことはありますが、たいていの場合は、健康で頑健《がんけん》なほうでした。その意味で、特別な無理をしたことはあまりないのですが、特別にサボったわけでもなく、淡々《たんたん》とやり続けていたら、成果が出てくるという感じでしょうか。運動会の玉入れのようなもので、一個一個入れていくうちにだんだん溜《た》まっていくような感じの仕事が、どちらかといえば得意だったのかと思います。

「その一つだけで、全部が決まる」というようなことは、それほど得意ではないのですが、少しずつやっているうちに、だんだんに成果が出てくるようなものは得意だったと思います。

「自分を鍛《きた》える」から「人を育てる」へのマインドシフト

人生の前半は、どちらかというと自分が思っているところまで結果が届かないと感じることが多く、「他人」と比べて劣等《れっとう》感を感じるというよりは、「自分の目標」に比べて到達《とうたつ》しない自分に劣等感を感じる気持ちのほうが多かったのです。自分の思ったところまで行かないので、多少、大言壮語《たいげんそうご》や大ボラを吹《ふ》いているように見えるかなと思うところを恥《は》ずかしく思い、劣等感のように感じたところはあったと思います。

ところが、人生の中盤《ちゅうばん》からあとぐらいになってくると、自分はそれほどできているはずがないのに、結果がもっと行っていることがだんだん多くなり、逆になってき始めました。それほど大してやってはいないのに、結果は多く出てくることが多くなってきたような気がします。

おそらく、これは、若いころは人が使えないので、〝自分一人の戦い〟をやっていただけなのだろうと思います。いくら剣《けん》ができても、大勢の軍隊に向かって戦いを挑《いど》んだら、それほど戦い続けられるものではありませんが、年齢《ねんれい》、経験が上がってくると、次第に使える人の数も増えてきます。

ですから、自分が思っている以上の成果があがってくるようになったということは、「人を使って仕事ができるようになった」という意味だと思います。

その過程で、「自分を鍛《きた》える。自分をつくる」という考え方を中心としてやっていたのが、知らず知らずのうちに、だんだん「人を育てる」ほうにマインドがシフトしていったのではないかと思います。その意味で、成人するまでは、たいへん心苦しいことではありますが、多くの人に役に立っていたとは思いません。けれども、だんだん、あとになるほど、そういう傾向のほうが強くなってきたと思います。

「外剛内柔《がいごうないじゅう》」から「外柔内剛《がいじゅうないごう》」へと性格が変わる

また、私の発言等を見て、「ブレないで考え方を通す」と見てくださる方もいらっしゃるのですが、若いころ、二十歳《はたち》を過ぎてから三十代前半ぐらいまでは、どちらかというと、「正解が分からない。どういう結論を出したらいいかが分からない」ことが多くありました。自分としては右往左往《うおうさおう》しているというか、いろいろな人に訊《き》いて回っても余計に分からなくなり、いろいろな本を読んでみたり考えたりしても、けっこう朝令暮改《ちょうれいぼかい》、朝令昼改《ちょうれいちゅうかい》ということも多く、自分でも本当に嫌《いや》になりました。

最初から見通しが立って、「こうすれば、こうなる」ということが分かっていれば、どれほどよいかと思うのですが、それが分からなくて、クルクルとよく変わることが多かったので、内心、忸怩《じくじ》たるものがあったのです。だんだん後輩《こうはい》が多くなってくると、そうは見えなくなっていったらしいので、ありがたいことだと思います。

性格的にも、若いころは「外剛内柔《がいごうないじゅう》」といいますか、どちらかというと外側は強く見えて、内面は繊細《せんさい》で弱いところもあったのです。

これもまた、中年期以降ぐらいになると、逆に「外柔内剛《がいじゅうないごう》」のほうに変わっていったような気がします。外はそれほど強く見えず、柔《やわ》らかいのですが、なかのほうが硬《かた》いというあたりが、信念や筋《すじ》を通す人のように見えているのではないかと思います。「内面的には筋を通す。信念を貫《つらぬ》く」と見えているだろうと思いますし、現実にそうだろうと思いますが、外側はそれほど鋼《はがね》のように硬いわけではなく、いろいろな人に接しているのではないかと思います。

これも、途中《とちゅう》から性格的に変わっていっていると思います。これは、おそらく自分の置かれる立場によって違《ちが》ってくるものもありますし、経験の蓄積《ちくせき》、知識の蓄積によって変わってくるものが、実際にあるのではないかと思います。

4　今、振《ふ》り返って思う「私の人生論のポイント」

簡単には出来上がらず、コツコツと努力する

六十三年余りの人生を通して、いろいろなものを振《ふ》り返って考えてみると、今のところ、私の人生論として幾《いく》つかのポイントは言えるだろうと思います。

一つは、「簡単には出来上がらなかった」ということでしょうか。簡単に出来上がって慢心《まんしん》するようなことは、なかった気がします。もし、自分がそうなってきた場合は、たいてい、自分の苦手《にがて》な領域や未知なる領域等に関心を寄せて、自分のまだ至らざるを知るという気持ちはあった気がしますので、そう簡単には出来上がらなかったということが一つです。

また、雨の日も風の日もコツコツと努力するような傾向《けいこう》は、やはり持ち続けていたのではないかと思います。

他人《ひと》に嫉妬《しっと》する暇《ひま》があったら「自分づくり」に専念する

それから、人生の途中《とちゅう》で、自分より才能にも優《すぐ》れ、いろいろな点でも立派だと思う人が、数多く近場を通り過ぎていったこともありました。十代か、二十歳《はたち》を過ぎて少しぐらいまでは、やや嫉妬《しっと》したり、やっかんだりする気持ちはあったように思います。

しかし、それを過ぎると、そういう気持ちが比較《ひかく》的薄《うす》くなっていき、「他人《ひと》に嫉妬している暇《ひま》があったら、自分自身を鍛《きた》えたほうがいい」という考え方になっていった気がします。他人は他人であり、その人の持って生まれた才能は別なので、その人の才能を自分に入れ替《か》えてもらうわけにはいかないし、その人が生まれた家庭環境《かんきょう》など、いろいろ自分に比べて優れたものもあろうけれども、これも替えてもらうわけにはいきません。

いろいろなものは置き換《か》えることができないので、「他人に嫉妬している暇があったら、自分をつくることに専念したほうがいい」という考え方に、すでに二十代ぐらいで、なっていた気がするのです。比較的若いうちは、嫉妬心や競争心もありましたが、次第《しだい》に薄れていっている気がします。

自分より知識や経験のある人に敬意を表する

幸福の科学を始めたのは、三十歳《さい》のときでした。三十代前半ぐらいは、まだ宗教の世界のなかでは比較的若いほうでしたので、少ない知識で生意気《なまいき》なことを言っているように見えたことも多く、先を行っている宗教の方々からは、口が過ぎるように見えたこともあったのではないかと思います。

私は三十やそこらでしたが、もうすでに一世を風靡《ふうび》したような先輩《せんぱい》宗教家たちがいて、十万人ぐらいの教団をつくった方や、何百万教団といわれるものをつくった方がいました。最初は、例えば「自分も同業者として宗教家になったから、それほど格下ということもない」と思い、そういう方を「先生」と呼ばずに「さん」付けで呼んだところ、そういう方の一人から勉強を教わった人や、昔から本を読んでいた人など、人生の先輩がたから、「あなたは若くて、まだ経験も足りないのに、そんな大先生に対して『何々さん』と言うのは失礼ではないか。『先生』と呼ぶべきでないか」と言われ、「ああ、そうかもしれない」と思って、「先生」に急に直したこともあります。

名前を出せば、「高橋信次《たかはししんじ》先生」「谷口雅春《たにぐちまさはる》先生」「内村鑑三《うちむらかんぞう》先生」などです。同業者だと思えば、「さん」で呼んでも丁寧《ていねい》で普通《ふつう》ですが、「同等ではないだろうが」と言う方がいて、確かに今の実績ではそのとおりだと思い、「さん」から

「先生」に戻《もど》したことも、初期の月刊誌等に書いたと思います。

有名になってからは、今度はそれを逆手《ぎゃくて》に取られて、週刊誌から、「『さん』ではなく『先生』と呼ばなければいけないと言っていたのに、偉《えら》そうに、『われはエル・カンターレなり』などと言い出した。これも、おかしい」と言って批判されるようになりました。どちらに行っても、そのときどきの状況《じょうきょう》に合わせて言われるのですが、比較的、自分よりも先輩で経験や知識のある方に対して、敬意を表する傾向は持っていたのではないかと思います。

ただ、一部には、「偏屈《へんくつ》」というか「ヘソ曲がり」というか、時代の流れに抗《こう》してものを言いたいような気持ちはありました。おそらく両親の性格のなかにもそういうものはあり、後天的なものか先天的なものかは分かりませんが、やや、そういうところはあったかと思います。

次第に自分の中身が充実《じゅうじつ》してくると、考え方も穏《おだ》やかな、オーソドックスで保守的なものが中心になってくるのですが、やはり、完全には「長いものには巻かれろ」という気持ちにはならないところは、いつもあったと思います。

5 「努力に勝《まさ》る天才なし」の精神

「世の中のお役に立つ自分」となるための努力

若い人に言っておきたいこととしては、生まれつきの才能や運動神経、頭のよさなど、いろいろあるかもしれませんが、やはり「努力に勝《まさ》る天才なし」という言葉のほうが、正しいような気はします。

短期間や、比較《ひかく》的、同年齢《どうねんれい》の、十代あるいは二十歳《はたち》過ぎぐらいまでなら、環境《かんきょう》要因や遺伝子なのかもしれませんし、いろんな要因によって差がついていることはあります。しかし、一定の年齢を超《こ》えたら、もうそれは言い訳にはならないのではないかと思います。そうではなく、やはり、長くやり続けたら、どの道でもプロにはなれるのです。あとは、自分の「努力」と「習慣の力」、「志《こころざし》の力」によって、拓《ひら》いていけると思います。

ただ、小学校のころに、近所の、タバコ屋が本屋も兼《か》ねているような、大きな本はあまりなくて文庫本ぐらいしかなかった店で、『シュバイツァー伝』という文庫本を買ったのです。

それを読むと、シュバイツァーは、三十歳《さい》までは、「自分の好きに生きる」と言って、神学という神様の学問、牧師《ぼくし》・神父《しんぷ》系の学問と、好きな音楽をやり、オルガンを弾《ひ》いて好きに生きました。

しかし、「三十歳を過ぎたら、世の中のために生きたい」と思い、三十歳を過ぎてから医学部に入り直して医者になり、アフリカに行って病人を助けたり、合間にオルガンを弾いたり、神様の教えを説いたりするような人生を送ったというのを、たぶん十歳か十一歳ぐらいのころに読んで、「かたちは一緒《いっしょ》ではないかもしれないが、自分も何か似たような感じの人生になるかもしれない」ということを、インスピレーション的に感じていました。

「せいぜい許されるのは、三十歳ぐらいまでかな。三十歳ぐらいまでは、自分づくりと、ある程度、自分の関心のあることをやっても、頭を下げつつ周りに許してもらうが、三十歳を過ぎたら、やはり世の中のお役に立たなければいけない」という気持ちを、二十年ぐらい持っていたのは間違《まちが》いありません。他の人たちと水面下で違うところがあったとしたら、そこかと思います。

中学時代、心に残った「力を尽《つ》くして狭《せま》き門より入《い》れ」という言葉

中学校に入ったときに読んだアンドレ・ジッドの『狭《せま》き門』も、内容は、今から見ればやや純粋《じゅんすい》すぎて少年文学のようであり、少し同性愛的な傾向《けいこう》もある方だったので、問題はあったかと思います。しかし、本の中身よりも、扉《とびら》に書いてあ

った「力を尽《つ》くして狭き門より入《い》れ」という言葉、「広い門から入《はい》る人はたくさんいるが、それは滅《ほろ》びに至る門である。狭き門より入《い》った者のみが、永遠の生命を得る」というようなことを旧字体の漢字で書いてあったのを見て、何かすごく心に残った気持ちはあったのです。

「狭き門」という言葉は、当時は大学入試や高校入試を指すのに使われていたのですが、「力を尽くして狭き門から入《はい》らなければいけない」という言葉を、自分はそんな意味には取っていませんでした。

他人《ひと》様の多くが、「長いものに巻かれろ」か、そうでなければ自分に利益がある方向に流れていくなかで、「やはり、自分はその群れから出て、難しいけれども、人が嫌《いや》がる狭き門を目指して、命の門に至りたい」という感じは持っていました。

自分は努力によって変えられることを知った「知は力なり」

大学に入ってからは、渡部昇一《わたなべしょういち》先生の本なども読んで、「知は力なり」ということを知ったのも、やはり大きかったです。それは、ある意味で「自分は変えられる」ということだと思うのです。「自分は変えられるのだ。生まれ育ちや能力だけの問題ではなく、何をどれだけやったかで、自分自身が変わるのだ」ということです。

後《のち》に勉強した仏教によれば、「縁起《えんぎ》の理法《りほう》」ということで、やはり「変わるのだ」ということです。仏教の勉強をした先生も、そう言っていました。「縁起の理法」というのは、例えば高校時代までに持っていた学力と、大学で四年間勉強した学力とでは、新しいものを勉強しているので、卒業した段階では違った人間になっているだろうということです。

「高校三年生を何回やったところで、それ以上には行かないけれども、大学に入って新しい学問をやったら、その部分は〝別の人間〟になる。そして、卒業して社会に出る。これが縁起の理法だ」というようなことを言っている仏教学者がいて、「なるほど、そういうことか」と感じました。

ですから、「他人との競争や劣等《れっとう》感などのことを考えているよりは、自分自身に投資して努力したほうがましだ」と思ったのです。

6　自分づくりから他の人の救いへ

劣等《れっとう》感や他人《ひと》への嫉妬心《しっとしん》を「祝福」「克己心《こっきしん》」に変える

それから、渡部昇一《わたなべしょういち》先生も、たぶんキリスト教的な思想として紹介《しょうかい》されていたのだと思いますが、「劣等《れっとう》感を感じるよりは祝福しなさい」というようなことを確か言っておられました。これは本当にありがたい言葉だったと思うのです。「成功している方や、現に自分がうらやましいと思うような方に対して、祝福の思いを持ちなさい」というようなことを言われていて、これは目から鱗《うろこ》のところがありました。

いまだに、こういうことを知らない人は数多くいると思うのです。やはり競争社会なので、同じような趣味《しゅみ》・関心があって競争しているうちに、非常に評価される人とそうでない人が分かれてきます。そういうときに、成功している人を見て、その人の悪口を言い、「あの人は、うまいことやったんだ」「取り入ったんだろう」「コネだろう」「親の権威《けんい》だろう」「お金だろう」などと、いろいろな言い方をして、自分がそうならなかった理由を言う人もいます。他の人を貶《おとし》めることで自己弁護して生きる生き方は、〝凡人《ぼんじん》の生き方〟としてはありうると思います。そう言ったほうがストレスは減るという説もあるので、そういう生き方もあるとは思います。

しかし、普通《ふつう》はそうなるところを、そういうタレント（才能）、天から与《あた》えられたギフト（贈《おく》り物）を持っている方に対し、「それは素晴《すば》らしいことです。ますます成功してくださるといいですね」という気持ちを持ちながら、自分は自分のやるべきことを淡々《たんたん》と進めていくことが大事です。そうした気持ちを持ったことが、たぶん、私が二十代以降、成功への方向に舵《かじ》を切っていった理由の一つではないかと思います。「自分との闘《たたか》い」のほうに入っていったのです。

ただ、あくまでも、先ほど言ったように、「三十歳《さい》ぐらいまでは自分のために生きてもいいだろうけれども、それは、三十歳からあと、世の中にお返しをしていくために自分を磨《みが》いているということだ。周りから猶予《ゆうよ》していただいている分、わがままをやっているということは、十分自覚していなければいけない」という気持ちは持っていました。

私に対し、「勉強ばかりするのは、早く偉《えら》くなりたいのか。出世したいのか。金儲《かねもう》けしたいのか」などという考えも周りにはあったと思うのですが、本当はそういうつもりではなく、世の中のお役に立つ人間になりたいと思ってやっていたということです。

これは、仏教的に言えば極《きわ》めて正しい考え方であったようです。仏教は、まずは「自分づくり」なのです。「自分づくりをやってから他の人を救う」という考え方を持つことが、仏教の基本であるのです。

僧侶《そうりょ》になって修行《しゅぎょう》をする場合でも、まずは山歩きをして体を鍛《きた》えてからでないと勉強ができないと言われています。山歩きをして体を鍛え、その精神力と体力、集中力でもって、次は万巻《まんがん》の書《しょ》としての「大蔵経《だいぞうきょう》」を読むということです。これを勉強するのに体力が要《い》るわけです。それでみんな、〝回峰行《かいほうぎょう》〟風に山歩きをして体を鍛え、勉強を続ける力をつけるというようなことをやっています。それが基本なのです。

それからあとに、説法《せっぽう》や人生相談などで人々を救っていく時代が来るので、仏教としては基本的な考え方であったかと思います。こういうことを、知らずしてやっていたのではないかと思います。

人生の後半になってくると、社会との影響《えいきょう》関係が大きくなってきたので、だいぶ話が変わってきましたが、比較的《ひかく》早いうちに、苦しみつつも、この「嫉妬心《しっとしん》からの脱却《だっきゃく》」をしたことは、自分としてはよかったと思います。

もう古本になっていると思いますが、渡部昇一先生の『クオリティ・ライフの発想』という本に、次のようなことが書いてありました。

日本人というのは、どうも村社会の考え方があって、他人《ひと》の幸福を喜べないところがある。バケツからカニが出てくるときに、一匹《ぴき》のカニがバケツからまさしく逃《に》げ出そうとしたら、下からハサミでつかんで引きずり下ろす。次のカニが出ていくと、またそれを引きずり下ろして、永遠に出られず、バケツのなかにいて、「みんなが出られないなら幸福だ」という平等主義に陥《おちい》っている。もし逆をやって、上に上がったカニがハサミで次のカニを挟《はさ》んで引っ張り上げてやり、順番に上げていったらみんな出られるのに、それができない。

そのようなことを書いてあり、「なるほど、そういうことか」と思ったのを覚えています。

嫉妬心は自分の成長の役に立たないし、周りの人にも役に立たないので、やはり「克己心《こっきしん》」に変えて、自分が力を蓄《たくわ》えたほうがいいというように言われて、そうだなと思いました。

粘《ねば》り強くシステマティックに勉強と仕事を続ける

三十代の最初のころは、新宗教学者等の取材やインタビューも多少は受けたのですが、そのころの彼らの分析《ぶんせき》では、「大川隆法という人は、まだ少し学者コンプレックスがある」というようなことを言っていました。確かにそういう面はあったのです。大学時代に何かの学問で身を立てようと思ったけれども、それが決まらなかったというか、自分としての一生を貫《つらぬ》くような学問に出合えなかったことで悶々《もんもん》としていた時代があったので、そういう面があったとは思います。

それでも、本をたくさん出すなかで、どのくらい出したころかは分かりませんが、どこかで乗り越《こ》えているのではないかと思うのです。幸福の科学を一九八六年から始めて、おそらく九〇年代の前半で乗り越えていると思います。たくさんの本を書いてベストセラーを出し、大きな会場で講演会をする経験をしているうちに、学者などにはできないことをやれるようになったからです。

「学者になりたい」と思ったのも、「本を書いてみたい」とか、「大勢の人を集めて話をしてみたい」とかいう気持ちもあったので、「学者も一つの道かな」と思ってはいたのですが、自分がこれをやりたいという専門がどうしても固まらなかったので、しばらく苦しんでいたのです。しかし、やるべきことが決まってきたら、やれるようになってきたので、そうした気持ちも克服《こくふく》したと思っています。

一九九〇年、九一年ごろは、新宗教などを勉強した宗教学者たちから、ずいぶんやっかまれて、「何か恥《はじ》をかかせてやろう」ということで、いろいろと挑発《ちょうはつ》されたりしていたような気はします。

「SPA!《スパ》」という週刊誌があり、東大の宗教学科卒の人が当時、編集長をしていたと思うのですが、同期の仲間たちも何人かはいたので、「その人たちを呼んで、十二人ぐらいの宗教学者で囲んで大川隆法の無知を暴《あば》く」というような企《き》画《かく》を立てて、「みんなでボコボコにして、人前で自慢《じまん》できないようにしてやろう」としていたようですが、私はたまたま忙《いそが》しかったので、それに乗らなかったのです。

彼らは彼らで、「法律や政治を勉強した人間が宗教学のほうに踏《ふ》み込《こ》んでくるとは、越境《えっきょう》だ。他人の畑を荒《あ》らしに来たので、これを叩《たた》き返さなければいけない。素人《しろうと》であることを思い知らせてやる」と思っていたようです。

こちらは、〝よその畑を荒らしている〟と思ってはいなかったのです。霊道《れいどう》が開けて、勝手に宗教のほうにグイグイ引っ張っていかれたので、天命なのでしかたがなく、後発的に勉強してやっていたものでした。そのため、確かに未熟な面はそうとうあったとは思います。「伝えよ」とのことであるから、そういう仕事をしていたのですが、「お金儲けをして有名になりたいんだろう」というぐらいに思っていた人は多かったのでしょう。

自分が思っていないような、いろいろなところから競争を挑《いど》まれることもありました。教団として大きくなっていく過程では、戦後、大会社をつくった方々に学んで、人を使って組織を大きくしていく方法を勉強しなければいけないこともありました。他の宗教をやった先人のやり方を勉強したのと同じように、組織のつくり方や動かし方の勉強等もしたわけです。会社時代に多少経験したことも、役に立ったのは事実ですが、会社ではトップまでは行っていなかったので、不安になりながら自分でやらなければいけないことは多かったと思います。

最初のころは、宗教界でも、「戦後たくさん宗教が出てきたけれども、新宗教は、たいてい一時期パーッと有名になって、すぐに忘れ去られて消えていくものばかりなので、どうせ幸福の科学も一緒《いっしょ》さ」というようなことを言われました。これは、他の同業者からの〝呪《のろ》いの言葉〟です（笑）。「一時期パッと有名になって、散るんだ。消えていくんだ」というようなことをずいぶん言われましたが、三十年以上たっても、まだなかなか消えないので、「おかしいな。そんなはずはない」という感じを持たれているでしょう。それは、粘《ねば》り強く、システマティックに、勉強と仕事を続けているからだろうと思います。これは「考え方」の違《ちが》いだろうと思います。

「悟《さと》り」といっても、小さな自分の心の悟りの問題もありますが、それ以外の仕事の面では、また、いろいろな悟りが存在します。

ある面について何かをマスターしたとしても、ほかの面で未熟なところは数多くあるので、そういうものを、だんだん、普通の人ができるぐらいに、そして普通の人以上の人ができるぐらいにまで近づけていかないと、いろいろなものが上がっていかないだろうと思います。

7　天命を実証するために

今、評論家たちがいろいろなジャンルについて意見を言ってはいますが、教団が大きくなり、発言力や影響力《えいきょうりょく》が増してくると、それ以上の力が要《い》るようになってきます。人間の「生活」や「悩《なや》み」、あるいは「新しい事件」、いろいろな「初めての問題」について、どう考え方を出すかは非常に難しいことです。

平素から幅広《はばひろ》く勉強をしておかないと、無理なところもあります。

「宗教をやるのなら、昔のお経《きょう》だけ勉強していればいい」という人もいるとは思いますが、私は、〝現在生きている人〟も対象だと思っています。そういう人たちがつまずくところや苦しんでいるところに手を差し伸《の》べたいという気持ちがありますので、いろいろなジャンルについても勉強し、意見も発信しています。日本の国だけでは成り立たないこともありますので、外国のことも関係しますし、今は宗教の話だけでは解決しないものもありますので、宗教以外のことについても、勉強して意見を発信することもあります。

ただ、根本《こんぽん》は、人生の転機で天上界《てんじょうかい》からの声があり、使命を告げられて、それを実証していく人生になってきたのです。

ですから、「人間は魂《たましい》を持つ存在であって、永遠の生命を生きている。この世は自由に生きられるように見えながら、やはり、神が喜ばれる生き方とそうでない生き方がある。言葉を換《か》えれば、天国と地獄《じごく》がある」ということを伝えなければいけないという考えが、根本的にはあります。

そして、それ以外の、いろいろな人がつまずくいろいろな点について、できるだけ興味・関心を持って広げていこうと思っているところです。

その意味で、無限に広がっていきますので、宗教として何が私の考え方なのかを分からない人が増えてくるかもしれないと、危惧《きぐ》されるところではありますが、「やれるところまでやって、あとは天命に任せるしかない」という気持ちで生きています。

三十歳《さい》からあとの三十数年間は、あっという間でした。無我夢中《むがむちゅう》でやっているうちに、気がつけば、ずいぶん歳月が過ぎていたと思います。気がつけば、自分があれほど真剣《しんけん》に悩んで対決したり、ぶつかったりしていた時代に生まれた人たちが、もう大人になり、いろいろな意見を言い始めていました。この間《かん》、人間としても、結婚《けっこん》もし、子供もでき、家庭を持つこともできました。

それには功罪《こうざい》両面があったと思います。宗教では独身で一生を送る人も多いので、それも一つの生き方かとは思います。そうした生き方は、周囲から邪魔《じゃま》されることもなく、自分だけの考え方でやれる面はプラスだとは思いますが、世の中との接触面《せっしょくめん》が減ってくることも事実です。家族を持つことで、社会が持っている問題や、人間が打ち当たるいろいろな問題が見えてきた面はあるので、プラスの面もあり、功罪両面を経験しました。

この世の人間は、必ずしも天上界の霊《れい》が言ったとおりに動いてもくれないし、思うようにもならない面があることについても、認識しなければいけないことは多かったと思います。

ただ、全体として見れば、天の声がわれに臨《のぞ》んでこの仕事を始めましたが、信者一人いなかったところから始めて、世界に影響を及《およ》ぼすところまで来始めているので、信じてよかった内容だったと思います。

あとは、どこまでこれを押《お》し広げていけるか、どの程度まで普遍《ふへん》性のある教えとして遺《のこ》せるかが、残された時間の戦いだと思います。

基本的に、そんなことを考えてやってきました。ザルッとした、自分の考え方や生き方の傾向《けいこう》性について、話をいたしました。

第2章

平《へい》凡《ぼん》からの出発

二〇二〇年五月二十四日　説法《せっぽう》

幸福の科学　特別説法堂にて

1　三十二年後に改めて説く「平凡《へいぼん》からの出発」

「平凡《へいぼん》からの出発」は、昔、同じ題で話をしたことがあります。そして、『平凡からの出発』と題して、当時、単行本を土屋書店から出していたと思います。直角の絶壁《ぜっぺき》を登っている男の姿を写した写真が表紙になっていたと思います。

今、『若き日のエル・カンターレ』と題して、改訂《かいてい》版で函入《はこい》りになって出てはいるのですが、パラパラと見てみると、『平凡からの出発』は、私の三十二歳《さい》の誕生日記念（一九八八年七月七日）に出している本のようです。立宗《りっしゅう》して、まだ二年もたっていないと思います。

『若き日のエル・カンターレ』（宗教法人幸福の科学刊）

三十歳の誕生日に辞表を出したのを覚えていますけれども、そこから二年ぐらいたった、宗教家としてはまだ〝ヒヨコ〟というか、〝ヨチヨチ歩き〟のころでした。

三十年余りの半生を振《ふ》り返って、いろいろなことを述べた内容をまとめてあるので、幸福の科学の昔の教えがどのようなものだったか分からない方などには、読んでいただければありがたいかなと思っています。

今年（二〇二〇年）入局した新入職員に、「どんな経典《きょうてん》を読んでいますか。好きですか」と訊《き》いたのですが、「最近の本は、なるべく読むように頑張《がんば》っていますが、それでも本の数が多くて全部は読めず、昔の本はほとんど読めていませんというような答えが多かったのです。「昔の本とは、いつぐらいの本ですか」と訊いたら、「はい。二〇一〇年より前の本は、もう読めていません」ということでした。

一九八八年というと、それから二十二年前になりますし、今から数えても三十二年前になるので、「ああ、生まれてもいなかったのだ」と思いました。生まれる十年前の本だから、もう完全に〝古本〟です。読んでいなくてもおかしくはないし、知らなくてもおかしくないし、幸福の科学の置かれている立場もずいぶん変わっていますから、そのまま額面どおりには受け止められないという感じも強いのかなと思います。

紫央《しお》総裁補佐《ほさ》も、「子供時代から『平凡からの出発』を読んでいたので、題が変わって、『若き日のエル・カンターレ』になったけれど、何かちょっと寂《さみ》しい感じがする。最近の人ほど、『平凡からの出発』を知らないのも、ちょっと寂しい感じがする」ということを言っていました。

歳《とし》も、経験も、教団もだいぶ変わっていますので、同じではないけれども、今、三十二年後の「平凡からの出発」として話すとしたら、どんなことを言うかという観点から、もう一回話してみようと思います。

2 コロナウィルスによって、やり直しの時代が始まった

コロナウィルスによって〝考え方のベクトル〟が変わった

「平凡《へいぼん》からの出発」は、わりあい、これから大事になるかもしれないと思っているのです。というのは、今年の二月ごろから、新型コロナウィルスが少しずつ流行《はや》り始めて、広がっていきました。

三月の前半は、まだ政府も油断していて、オリンピックをやるつもりでいたぐらいだったのですけれども、三月の後半ぐらいからじわっと厳しくなって、四月、五月と緊急《きんきゅう》事態宣言が出されました。

都市のロックダウンとまでは言わなかったけれども、ほとんど、「出ないでく

ださい。他県に行かないでください。連休は移動しないでください。会社には、八割の人はもう行かないでください」というような感じで、〝巣ごもり状態〟というのが続いていて、これで参っている方は、現在そうとういると思います。もうすぐ、残りの都市部も緊急事態宣言が解除されてくるとは思うのですけれども、受けたダメージはそうとうあると思います（説法《せっぽう》当時）。

「八割は会社に行かないでください」と言われて、自宅で「テレワーク」とか言っていますが、正直言って、「この仕事は要《い》るのだろうか」という感じです。自宅に二カ月、三カ月いてもいい人は、別にもう来なくてもいいような感じがしてくるでしょう。

本社員のほうは自宅でテレワークですが、派遣《はけん》社員のほうは仕事をしているかどうか分からないため、出勤しているような感じです。派遣社員が会社に来ていて、正式社員のほうは自宅にてテレワークとか言っているけれども、仕事をしているのかしていないのか分かりません。

町内放送みたいなもので、「外出も控《ひか》えてください」「不要不急《ふようふきゅう》の外出は、慎《つつし》んでください」というようなことをいまだに言っています。そのため、しかたがないので、「買い物には行ってもよい」と言われているため、買い物だけは家族で行ったりしていたら、「家族で買い物に行くのはやめてください。買うのは一人にしてください」と言います。毎日来ると、今度はスーパーも混むから、「三日に一回にしてください」とか言って、だんだん苦しくなってき始めています。

統制経済下、戦時統制経済での配給制で、食料がなくなってきたような雰囲気《ふんいき》が漂《ただよ》ってきて、買い占《し》めもちょっと出たりしています。

トイレットペーパーやティッシュペーパー、それからマスクが、まずはなくなったりもしました。いまだに少しいろいろ買い込《こ》みをしている人は多いと思います（説法当時）。

小麦粉なんかも備蓄《びちく》が少ないというので、ちょっと買い込み始めたりしている人もいますし、いろいろなことをやっている方もいて、何か〝考え方のベクトル〟がガラッと変わったと思います。

「昔に返ってやり直したらいい」と考えれば、コロナ不況《ふきょう》は怖《こわ》くない

ただ、年の功かもしれませんけれども、私の昔を思い出してみたら、経済がマイナスになって、デフレと言わず、もはや大不況《だいふきょう》とか恐慌《きょうこう》とかになったとしても、昭和三十年代とか、四十年代を思い出して、「どのくらいまで昔返りするかだけの話だろうなあ」というように思ってみると、そんなに怖《こわ》くもないのです。

もう一回あのあたりからやり直したらいいだけです。その後どうなるかは知っているので、時間を縮めることもできるでしょうし、そんなに怖いことはないというように思っています。

昭和三十年代は、私が生まれてから小学校の前半ぐらいの時代なのですが、まだ近所はアスファルトで舗装《ほそう》されておらず、水溜《みずた》まりができたりして、車が走ると、その水溜まりの泥水《どろみず》がパシャーッと通行人にかかったり、お店にかかったりするようなことも多く、あちこちでアスファルトの匂《にお》いがし、道路を舗装したりしている様子も見当たりましたし、子供たちは外で遊んでいる状況でした。「ALWAYS《オールウェイズ》 三丁目の夕日」という映画がありましたが、それよりもう少し前のことになります。

それから、小遣《こづか》いを二十円ぐらいもらってお店に行けば、駄菓子《だがし》ならだいたい十円か二十円で買えるものが多かったのです。また、「パットライス」といわれるおやつがありました。これは、何だかよく分からない〝魔法使《まほうつか》い風の秘密の機械〟にお米を入れてつくるものです。

子供の仕事で頼《たの》まれて、自宅から籠《かご》に入れたお米一升《しょう》とお金を持っていき、お米を預けると、その機械のなかに流し込んだお米が急に膨《ふく》らみ、パーンッ！　と音がします。お米のなかに空気が入って膨らんだ感じのものがたくさんできて、おやつになってしまうのです。

それで一袋《ふくろ》分のおやつになるのですが、今も売っているので、郷里の母がたまに送ってくれたものを孫も食べているような状態で、懐《なつ》かしい感じがします。そのようなことをやっている時代でした。

自動車に乗っているのは、診療《しんりょう》や回診で町を回らなければいけないお医者さんとか、業務上、仕入れなどが必要なところである魚屋さんとか、そうしたところは車を持っていましたが、ほとんどはまだ持っていない状況だったと思います。歩くか、自転車か、あとは汽車やバス等を使っていた時代だったと思いますので、そこまで戻《もど》りはしないだろうという感じを、現在持っています。

これから百年に一度の大恐慌が来るといっても、インフラはまだだいぶ残っていますので、おそらく、そこまでは戻らないだろうと思います。止まっているのは、人間が会社でやっている仕事です。仕事等が滞《とどこお》ったり、人と会うことができなくなったりして、商売ができなくなっているし、観光とかが止まっていたりしています。

そういうことで、おそらく、この二、三カ月の締《し》め上げで、人為《じんい》的な不況は来るだろうと思います。不況というのは、基本的には「昔返り」になるのです。五年ぐらい戻るか、十年戻るか、二十年戻るか、分からないですが、昔の感じに戻るということであるので、そんなに悲観したものでもないと思っているのです。「もう一回、やり直しができる」ということでもあります。

私が中学校に入ったときに、二十九歳《さい》ぐらいだった数学の先生が、「君たちのお父さんお母さんで、私より若い人はいるか」と訊《き》いて、一人、手を挙げた人がいましたが、たぶん再婚《さいこん》した人だったと思います。その先生は、確か二十二、三歳で新入教員となったときの初任給が一万二千円だったと言っていたのを覚えています。

私が、今からもう四十年近く前に、新入社員で四月に入ったときの給料は、十二万一千円でした。三カ月が見習い試用期間なので、三カ月たったら、給料は十二万七千円になっていたと思います。

自分が十二歳のときに二十九歳の先生に教わったとして、十六、七年ぐらい年《ねん》齢《れい》が上の人だと思いますが、そのころと比べると、給料が十倍になっているのは確かです。そのときの銀行の初任給は、九万八千円だったのを覚えています。

上場している企業《きぎょう》の、全業界の給料のなかでは、銀行がいちばん安かったと思います。初任給だけ下げるのです。高いとみんなに恨《うら》まれるので、銀行は、初任給だけは各上場企業より下にするのです。一年目だけ九万八千円で、ほかは十万円を超《こ》えていたと思います。

メーカーなどでも十万円はあったと思うのですが。二年目からボボボボッと上がっていくので、これは分かりません。あとの上がり方は、すごく上がりますが、儲《もう》かりすぎていると、「もうちょっと預金金利を付けろ」とか、「安く貸せ」とか言われるから、最初は低く見せるということで、みな九万八千円だったのを覚えています。

今は、だいたい二十万か二十万を少し超えるぐらいまで上がってきているだろうと思います。

「ＡＩ」と「人間」との競争が始まりつつある現代社会

ただ、昔に比べて機械で代替《だいたい》される仕事が増えて、コンピュータ、ＡＩ等との競争が始まりつつあるので、人間もあまり楽ではなくなってきつつあると思います。そうした銀行に勤めた方も、ＡＴＭがコンビニにあって、お金を下ろしたり、送金したりできるようになってくると、けっこう厳しいという感じはあると思います。

昭和四十年代は、まず銀行あたりからコンピュータがだいぶ入り始めて、「コンピュータが準備してくれるから、コストがセーブできて楽になるし、人も減らせる」という話だったのですが、現実は逆になって、コンピュータを入れたら、今度はコンピュータ要員が必要になって、銀行の行員数はもっと増えました。今までの行員数にプラス、コンピュータ要員が増えていったような感じで、そのころは、実はコンピュータは人を増やす効果がありました。

最近は、さすがに、「これは危ないな。人を減らす効果が出てき始めているのではないか」と感じるので、少し用心が必要です。

私が学生になったころは、チャーリー・チャップリンの「モダン・タイムス」とかを、白黒の画像で渋谷《しぶや》の映画館で観《み》たことがあります。喜劇で描《えが》いていましたが、人が工場で働いていて、流れ作業をやることで生産効率が上がるというので、「ボルトとナットのところを締める係だけする」とか、「荷物を載《の》せるだけの係をする」とか、「それを箱詰《はこづ》めだけする」とか、分けてやると、一人が全部やるより速くなるというのです。機械と変わらない、同じ仕事をずっと一日中やっているのを皮肉って描いているのを、大学に入ったところに観た覚えがあります。

そうしたものは機械でやってくれるようにはなって、人間はより高度な仕事をしなければいけなくなって、残ったのは、企画したり、対外折衝《せっしょう》したり、点検したり、マネジメント、経営したりする仕事だろうと思います。

ただ、これも、例えば、ＡＩという自分で学習するコンピュータのようなものが出来上がってきたので、そろそろ危なくなってきつつあるわけです。「自分でいろいろなものを経験して学習し、それを自分で組み込んで、上の段階に発達させる」「自分で勝手に、小学校一年の勉強から二年、三年と上がっていく」というような機械ができてきたので、だんだん人間の機能の一部は取られ始めてきているわけです。

将棋《しょうぎ》や碁《ご》でも、名人クラスの仕事まで敗れ始めている状態まで来ています。まだ一般《いっぱん》的な創作のようなものは難しいとは言われていますが、そろそろ小説なども書き始めたりして、少し危なくはなってきている状況です。

語学に至っては、スマホレベルの小さい機械で、百カ国以上、同時翻訳《ほんやく》するというようなことを言っています。私は精度を知らないのですが、日本語をしゃべったら百カ国以上〝スマホ〟が全部訳して話しうるなら、実に便利だろうなと思いますが、まだ買う気が起きないので、そんなに精度に信用がないのだろうと自分では思います。

私の説法が、そのまま世界百何カ国の言語に訳されるなら、極《きわ》めて便利で、もしかしたら、生きているうちにそういうところまでになるかもしれませんが、そうは言っても、表現というのは、意味が通じればよいというだけのものではないし、表現によってバイブレーションなど、いろいろありますので、そういうものとの戦いも、まだこれから続くのかもしれません。

『平凡からの出発』献本《けんぽん》で、交友関係が全部変わった

会社勤めをしていたときには、霊言集《れいげんしゅう》を中心に出していたのですけれども、『平凡からの出発』は、会社を辞《や》めて独立して二年目に入るときに、理論書のようなかたちというか、半自伝的に書いたものです。「これならいけるかな」と思っていました。

昔、会社時代に自費出版で詩集『愛のあとさき』を書いて、友達などに送ったら、多少は手紙など返ってきたものはあるのですが、「いったい何があったんだ?」というような感じの手紙でした。「霊言集を送ると、さすがに衝撃《しょうげき》が大き

いかな」と思って送らなかったのです。

会社を辞めたときに、会社の人たちの付き合いは、いちおう全部切って、友達もいなくなったわけですが、昔の学生時代の友達はまだいましたので、『平凡からの出発』が土屋書店から出たときに、「これなら一般書に見えるかな」と思って、何人かに送ってみましたが、ただの一人も返事が返ってきませんでした。やはり、これでも衝撃だったのだろうと思います。十年ぐらい年賀状を送ってきていた人も送ってこなくなりましたし、暑中見舞《みま》いなども一切《いっさい》来なくなりました。

私は「此岸《しがん》から彼岸《ひがん》に渡《わた》った。川の向こうまでどうやら渡ったらしい」ということを、それで自覚しました。「もうこちらの娑婆《しゃば》の人間ではないらしい。あの世の三途《さんず》の川を渡って、どうやら向こう岸に行ったらしい」ということを悟《さと》りました。

それからあとは、宗教の好きな方、霊が好きな方、あの世が好きな方など、関心を持つ人が集まってくるから、そういう人だけを仲間にしてやっていくしかないなと思って、新しい仲間をつくっていこうとしてやってきました。

いったん、私は交友関係などを全部なくしましたが、それでも、勉強の仕方や努力の仕方は、そう大きく変わるものでもなく、やはり、コツコツとやり続けることは大事なことです。

「3密」を否定すると、ほぼ経済が成り立たない状態となる

今も、「〝巣ごもり〟で、会社に行くな」と言われて、そういう状態がいろいろなところで起きているらしいのです。人と全然会わない一人の生活のようなもので、「用がないと出るな」と言うし、「散歩だけは出てもいいけど、人とは距離《きょり》を取れ」「ソーシャル・ディスタンスを取れ」とか言うし、「密は駄目だ」と言うの

です。

「3密」は駄目なので、気をつけないとマージャンをやってもクビになります。四人は密で、クビになってしまうので、気をつけないといけないのです。昔はよかったことなのでしょうが、マージャンをやるとクビになるような時代は、運の悪い時代です。

そのように、人と、密閉した空間で、密接に、密集したらいけないということを言われていますが、これは「経済の原理」に完全に反する原理です。医学的というか、感染症《かんせんしょう》的な考え方から言えば、そういうことになるのかもしれないけれども、これは、ほぼ、経済が成り立たない状態になります。本当に機械のほうがよい世界になってしまいます。

私も昔、そういう状態で、一度会社を辞めてアパートのようなマンションを借りて始めましたけれども、一年後があるかどうかという不安を抱《かか》えて、退職金が

（給料の）半年分ぐらい出ましたが、そのあとはなくなっていきましたので、とても恐怖だったのを覚えています。毎月毎月、貯金を下ろしていく感じが、とても怖かったのを自分でも覚えています。

私はそんなに変わっていないのですけれども、そのころに比べれば、三十二年たって、だいぶ環境《かんきょう》自体は変わってはいると思います。

例えば、今、大きな会社でも潰《つぶ》れるところがいっぱい出てこようとしていますし、中小・零細《れいさい》企業に至っては、勝手に店を閉めて終わり、連絡《れんらく》も貼《は》り紙をして終わり、というようなところもいっぱいあって、これからどこまで広がるか分からない状態です。とりあえず、3密状態になるところは店閉《みせじ》めしないといけないので、夜の賑《にぎ》わいを見せていたようなところが、「さあ、これからもう一回復活するかどうか」「少し時間がかかるのではないか」と言われていますが、復活するまでの間《あいだ》もたないので、店じまいするところはそうとうあると思います。

夜の酒を飲ませて人が集まっていたようなところが、昼間の弁当をつくってテイクアウトで売り出したりして、苦戦してやってはいます。業種によっては、回復不可能のところもあると思うのです。社交の場でよく使われるようなところやカラオケなども、みな危ないと思いますけれども、賑わっていたようなところは全部駄目になってきています。

駄目になるところということで言えば、ちょうど私が会社を辞めたころは高度成長のバブル期といわれた時代の真ん中あたりで、会社の利益によって変動はあったものの、商社マンなどは交際費がある時代でした。そういうバブル全盛のころに私は辞めたので、バカみたいだと言われたものです。

例えば、課長の給料が五十万円ぐらいだったとしても、交際費が五十万円使えるということでしたら、みんなで飲みに行けます。そのような時代なので、交際費で、みんなで歌を歌って酒を飲んで、「もう一軒《けん》行こうか、もう一軒行こうか」

という感じでやっていた時代ではありました。

「3密状態は大歓迎《だいかんげい》」の時代に私は会社を辞めたので、今はちょっと、正反対のところまで来ているかなと思います。

昔に返って「一から仕事を始めるとしたら、どうするか」と考えてみる

ただ、これからどうやって立ち直り、元に戻っていくかはとても難しいのですが、「平凡からの出発でよい」と思うのです。

かつて得ていた地位や、権限、財産、組織を使ってできる仕事などが駄目になってくることがそうとうあると思うのですけれども、もう一回、昔に返って、「一から仕事を始めるとしたら、どうするか」と考えてみてもらいたいと思うのです。

「ああ、道頓堀《どうとんぼり》の賑わいはもう戻らないかもしれない」とか、「二、三年は戻ら

ないかもしれない」とか言っていますが、そういう「道頓堀の賑わいがどうなるか」とか、「銀座《ぎんざ》の賑わいがどうなるか」とか、そのようなことは分かったことではありませんし、コロナウイルス感染であっても、一度収束しても、また二波、三波が来るかもしれませんし、別なものが来るかもしれませんので、そのときはそのときです。

一度、「最初につくったときは大変だったな」「ゼロからつくって大変だったな」「固定客のお客さんは一人もいなかったな」というところから、だんだん長くやっているうちに、常連さんができてきて、経営が安定し、人も雇《やと》えるようになったというあたりを思い出して、もう一回やる気になればよいと思うのです。

現状にすぐ戻せというのは、今はわがままに当たると思うので、少し昔返りして、「新しく脱《だつ》サラしてうどん屋を始めた」とか、そんな気分を少し味わってもらってもいいのかなと思っています。

3　何があっても蓄積《ちくせき》を継続《けいぞく》してきた歴史

世代を超《こ》えて読まれてきた『平凡《へいぼん》からの出発』

一九八八年の七月七日に、私が『平凡《へいぼん》からの出発』を出したころ、まだ職員は五十人もいなかったと思います。二、三十人ぐらいか、そんなものではないかと思うのですが、八八年の段階で、最初の結婚《けっこん》したときの妻が、「大企業《だいきぎょう》に就職できたにもかかわらず、やめて、職員八人の〝超零細企業《ちょうれいさい》〟に嫁《よめ》に来てやった」というような言い方をしていたのを覚えています。

前妻の実家の病院の従業員は十人ぐらいだったので、それよりも少ない、小さいところに来てやったというような言い方をしていました。八人より、もう少し増えていたと思いますが、そのレベルだと思います。『平凡からの出発』はそのころに書いた半自伝的な本で、よく書いたなと思います。

改訂版《かいてい》である『若き日のエル・カンターレ』を見ると、あとがきに「実は、本年小学六年生になる長女が、受験勉強の合間に、マーカーを引きつつ、本書を繰《く》り返して精読している姿をみて、幼い者たちにとっては、本書は、大川隆法の思想を理解するための数少ない入門書であることを悟《さと》った」と書いてあります。これは改訂版ですから二〇〇二年ですけれども、このときに、まだ、長女は小学校六年生でした。

今、長女にはもうすぐ二歳《さい》になる立派な長男もおりますし、さらには、ネクストも期待できる時期が来ているようではあるので、ずいぶん時代が変わったかなと思います。

六年生の長女が本書をマーカーを引いて読んでいるのを見て、父親は感動していたのですが、この本は後半になると少し哲学的《てつがく》になってきて、けっこう難しいので、本当に分かるかなという不安感はあります。前半は少し分かると思うのですが、後半は意外に難しいのです。

長女が小学校六年生のときに四谷大塚《よつやおおつか》の試験を受ける間に、マーカーを引いて読んでいるのを見て、父親としては喜んでいたのが、改訂版のあとがきに出ています。しかし、最初の段階は、ほぼゼロに近く、〝超零細企業〟にほぼ近かったと思います。

〝超零細企業《ちょうれいさいきぎょう》〟から〝超安定企業〟レベルになった幸福の科学

今年などは、大企業《だいきぎょう》も潰《つぶ》れるというところもだいぶ出てきていますし、超《ちょう》大手メガバンクでも、八千人のリストラとか言っていますし、トヨタのようなところでも、一兆円もの融資枠《ゆうしわく》をもらったりもしています。百貨店も二カ月ぐらい閉まったツケが大きくて、ダメージは受けていて、倒産《とうさん》あるいは閉店したり、人のリストラもあったりすると思うので、そうとう厳しい状況《じょうきょう》になると思います。

幸いにして三十二年やっている幸福の科学は、職員が二千人弱いますが、一人も解雇《かいこ》することなく、新入職員も全員予定どおり、六十何人か入ってきました。来年度の新入職員の内定も、半分ぐらい出始めていると思います。

これだけ世間《せけん》では店が潰れたり、大企業でも倒産したりするときなので、国が何兆円もの額を投入しなければいけない事態が、これから出てくると思います。当会はささやかにやってはいますが、何があっても、普通《ふつう》に仕事ができているというのは、とてもありがたいことだなと思っています。

若い方のなかには「就職させてもらってよかったです」と言ってくれる人もあって、そういう言葉はうれしいなと思うことがあります。

幸福の科学は、今、〝超安定企業〟になっているらしく、八人の〝超零細《れいさい》企業〟

だったころは、「こんなところに就職したら、気でも狂《くる》ったか」と言われるレベルだったと思うのですけれども、「安定しているところに入れてよかった」と言ってくれる人もいたりして、実際そのとおりだろうと思います。

「自分のできることをやり続ける」のが私のスタイル

しかし、社会では、仕事の形態がそうとう変わってきています。

私は今年（二〇二〇年）の二月に、香川《かがわ》の観音寺《かんおんじ》市で、千何百人かの講演会をやりました。自分としては、小規模の講演会を久しぶりに新しい所でやって、そのあと、仙台《せんだい》の正心館《しょうしんかん》には千人ぐらい入りますので、そこで講演を行いました。

二回ぐらい講演したのですが、これだけでも某《ぼう》週刊誌から、幸福の科学はこんな時期に千人や千何百人集めて、講演会を外でやっているというので記事に書かれたぐらいで、少しびっくりしました。その記事を見たら、警察の公安が注目して見ていて、幸福の科学を見張らないと危険だというような意見を言っていて、まだそのころ、何とも思っていなかった時期なので少し驚《おどろ》きました。

だんだん、「大勢集めてはいけない」と言われ始めたので、外で講演しにくくはなってきました。私が支部へ行っても三百人やそこらは集まりますので、支部も行けなくなってきました。そのため、収録のかたちでお話をしていることが多いのです。

公式バージョンでは、本章のもとになった説法《せっぽう》で、今年、百一回目になります。五月の二十四日ですから、半年たっていないと思うのですが、もう百一回説法しているので、けっこう回数はやっています。こまめにいろいろな話をしていると思いますが、大勢が集まれないので、外部での講演会ができません。

海外でも、五月の頭ぐらいにはイギリスのロンドンで講演会をする予定だったのですが、これもできなくなりました。秋に行く予定のニューヨークも少し厳しそうな感じになっています。海外も行けないから、国際部門のところも行けません。

海外の支部から、信者宅にいろいろと配信してやっているということを聞いているので、「頑張《がんば》ってくれ」と言うしかないのです。

国内も、今、映画もかかり始めてはいますが、かかっていないところもありますので、隙間《すきま》に説法等を聴《き》いてもらおうとして話しているのです。このように、仕事の仕方は、その時代に合わせて変えています。

いろいろなことが過去にもありました。東京ドームのようなところで話したり、そこから全世界衛星をかけたりもしました。外部に出なくなって、内側で隠遁《いんとん》していた時代もあります。まめに全国の支部回りをしたこともありますし、海外を回ったこともあります。

仕事の仕方はいろいろ変化するので、そのつど「水」のように、自分のやり方を変えてはいます。外に発信があまりできないときは、ストックを溜《た》めるかたちの仕事の仕方をしています。将来必要になるものをつくっておくとか、あるいは勉強のストックをつくるとか、何らかのかたちで仕事をします。また、自分ができない場合は、ゼネコンとかを使って、全国に精舎《しょうじゃ》を建てたり、そのようなことで将来のインフラをつくったりして、いつも何かはやっていたと思います。

そして今、多方面に、「学校」とか、「大学」とか、「政党」とか、「国際部門」や「映画事業」とか、いろいろなところで多角的にやっています。最初はいろいろと口も出していますが、次第《しだい》に任せてやるようにはなっています。その任せている部分が、自分たちの力でだんだん大きくできるというか、維持《いじ》できる力を持てるようになることを、あとは祈《いの》るのみになっています。

自分としては、自分のできることをやり続けるという感じのスタイルになっています。

「経験」と「知識」のストックの結果、説法《せっぽう》が楽になってきた

気持ちについては、「若き日のエル・カンターレ」と言ってもいいし、「平凡からの出発」でもよいのですが、特に、大きく変わってはおりません。

ただ、昔に比べると、やはり、「経験」と「知識」のストックはそうとう多いです。本を出してから三十二年たつ間に、勉強したことや経験したこと、それから、対人関係で知ったこと等のストックがそうとう多くなっているので、そういう意味で、説法とかは、昔に比べて確実に楽になっています。

昔は、二カ月に一回ぐらい大講演会をやったら、ヘトヘトになるぐらいで、ちょっと充電《じゅうでん》しないとできないぐらいの感じだったのですけれども、今は、毎日とか、あるいは二日か三日に一回、話したところで別に困らないし、種切れもしないぐらいストックがあります。

若い人たちは残念ながら、ストックの部分はつくれないのです。若いうちは頭がいくらよくても、ストックはないのです。

例えば、大学受験等で、どんなに頑張って勉強して、全国で一位を取ったとしても、十八歳ぐらいの方だったら、結局、教科書と少し厚めの学習参考書をマスターしたぐらいでは、その学力はそれを超《こ》えるほどのものではないでしょう。受験の参考書を読んだぐらいで三十年説法できるかといったら、絶対にできません。これは、はっきり言ってできません。できるのは大学生になったあと、小・中・高生たちに、勉強を教えたりするぐらいはできると思いますが、受験勉強だけでは、大人に説教するということは、ほぼ不可能です。

大人が勉強を忘れてしまって、子供に教えられない分を、代わってやるということはできると思うのですが、大人に対して説教することは、ほぼ言うことがないので、観念的なことしか言えないだろうと思います。

大学で授業を聴いたり、自分で本を読んだりして、勉強したことが溜まると、少し言えるようになるという感じです。ある程度の人に集まってもらって、人前で一つのテーマに絞《しぼ》って話ができるようになるには、百冊ぐらい、その関連の本を読んでいれば、できるだろうというようには言われているわけです。

例えば、ロンドンならロンドンについての話をしようと思ったら、「ロンドン」と題が付いているような本を百冊ぐらい買ってきて読んだら、普通に人に集まってもらっても、その集まった人たちよりは、ロンドンについて、知識的には確実に詳《くわ》しくはなっています。そうすると、ロンドンについて話をしても、何か勉強になったような気がすると言って帰ってくださるということで、小さな範囲《はんい》では、プロというか、お金が取れるぐらいの仕事はできるようにはなります。

ただ、「ロンドン」について話ができたけれども、「ニューヨーク」は全然まだこれから勉強をやらなければいけないとか、ほかのところはこれからやらなければばいけないということです。

「感染症《かんせんしょう》」について話をしようと思ったら、感染症関連の本は、だいぶ読んでいないとできません。

こうしたものは、やはり一定の年季が要《い》ります。勉強をしてストックしておかなければいけないし、新しいジャンルのストックも要るけれども、過去のものもあります。

当会は、立宗《りっしゅう》が一九八六年なので、もう三十四年たっています。三十四年間に出された本はそうとうありますので、新入職員から「二〇一〇年以前の古い本は読んでいません」と言われたら、その二十年分の法は全部消えて〝蒸発《じょうはつ》〟しています。初期のころほど、「心の教え」を説いているのですが、それ以後のものになると、心の教えの部分を当然のこととして踏《ふ》まえた上で話をしていますので、「心の教え」のところが〝蒸発〟して、勉強できていないことになります。

私も三十代ぐらいで講演をしましたから、専門的なことを知識的に話をすることがあまりできなかったため、比較《ひかく》的感性的な教え、感性に訴《うった》える教えを説いているので、語彙《ごい》的にはそんなに難しくなく、理解できるような話はけっこうあります。感性、胸にくるというか、ハートに響《ひび》いてくるような教えが説かれているので、このあたりが、若い人にとっては非常に影響《えいきょう》する部分だと思います。

ただ、六十歳を過ぎて、七十、八十、九十歳になってきたら、「愛について」などと言われても、恥《は》ずかしくて聴けません。「老人ホームの恋《こい》か」となったら聴けますが、「そんな話は恥ずかしい」という感じになってくることもありますので、年齢《ねんれい》相応にいろいろあると思います。

4 人生の節目《ふしめ》に必要な「平凡《へいぼん》からの出発」の精神

新たな勉強が始まるたびに「平凡からの出発」は何度も起きる

いろいろ勉強された方で、今まで注目を浴びたような方、一旗揚《あ》げたいと思っているような方もいっぱいいいると思うのですが、どうしても今までやったものだけでは通じない世界が、これから始まるのです。ですから、社会に出てからあとは、もう一回、「平凡《へいぼん》からの出発」に戻《もど》るのです。

子供時代、足し算や引き算から始まって、「あいうえお」から勉強したと思います。そういう足し算・引き算や「あいうえお」ぐらいだったら、家庭のなかで小学校に上がる前に、六歳《さい》までに教えることができますし、幼児塾《じゅく》でも教えていますから、そういうところに行った人は、明らかに、小学校に入ったときに、書いたり話したりできます。

私のところも、子供たちが小学校へ上がったときに、小学校からの意見としては、「勉強はしてこないでください」と言っていました。してくると、授業が崩《ほう》壊《かい》する、学級崩壊するというのです。「あいうえお」を教えると、みんなもう勉強が終わっているので、ザワついてきて暴《あば》れ始めるのです。

幼児塾でいっぱいやっているし、「あいうえお」はやっているし、足し算・引き算ぐらいまでは終わって小学校に入ってきている子がほとんどでした。そのため、学校の言うとおりにして来て、「初めて」という子だったら、本当に置いていかれるということがあるので、なかなか「建前」と「本音」があります。

そういう意味で、小学校に入ってから急に勉強がなくなって、遊び始める子が出たり、つまらないという感じになってきたりすることも多いので、気をつけたほうがよいです。

やはり、子供時代は「平凡からの出発」が何度も起きていると思います。中学校に入るときもそうです。今は小学校の高学年から英語の会話レベルも少しやっているので、ゼロではないとは思うのですが、私のころは、田舎《いなか》のほうだったら、本当に、小学校時代に英語は全然やっていませんでした。本当に初めてで、みんな一緒《いっしょ》にまっさらでＡＢＣから教わって、先生が何か表を書いて鞭《むち》で指しながら、Ａ、Ｂ、Ｃとか言って、最初の一カ月ぐらいはＡＢＣばかりやっていた覚えがあります。

そういう基礎《きそ》的なことでよかったのですが、ついでに私たちはみんな発音記号も全部勉強して覚えていて、新しい単語が出てきても、辞書を引いたら発音記号で読めるのです。今の人たちは、指導要領から〝消えている〟らしく、「発音記号が読めない」と言っています。「読めないの?」と言って、びっくりしたのです。

これは、国内でびっくりするだけではなくて、私たちの学生時代もそうだったのですが、外国の英語ネイティブの人たちが発音記号を読めないのです。みんな耳で覚えて話しているので、発音記号を読まずに、そこの方言で英語を流暢《りゅうちょう》に話しているのです。ですから、明らかに発音記号と違《ちが》うのです。

こちらは発音記号を覚えているので、「発音記号ではこうなっている」と言うと、「おまえは学者か」と言われます。それで学者なら、日本の学校教育を受けた人は全員学者になってしまいます。「学者以外は発音記号など読めない」と言う人がたくさんいます。これも少し驚《おどろ》きです。

あとは、当然ながら、中学時代から筆記体を習って、手紙を書くような文を書けました。ブロック体ではない筆記体で書けたのに、今は、ブロック体で教えているところがほとんどです。筆記体は一部の学校では教えていますが、「ええ？

書けないんだ」と思います。パソコンとかを使っていると、みな打ってくれるので、ブロック体でいいのだとは思うのですが、筆記体が書けない人がたくさん出てきて、これもちょっとショックはショックでした。

昔、勉強したのに、「発音記号が読めて、筆記体が書ける」というのも、今は何かとても学があるような感じです。それは、昔は当たり前のことで、田舎の落ちこぼれの人たちでも、程度に差はありますが、少しはできたことでした。それが、有名進学校を出たような人で、筆記体が書けない、発音記号が読めないという人がいるので、「カタカナでふりがなを打たないと英語の単語が読めない」ということに、ちょっとびっくりするぐらいですけれども、今はそのようになっています。

新しい勉強というのは、そのようになっています。

よい学校に受かっても、勉強しないと落ちこぼれる

私の息子《むすこ》の一人も、よい進学校に受かったのですけれども、中学校から出された春休みの宿題としては、「毎日二キロ走りなさい」という宿題が出ているだけでした。それだけは守って、毎日二キロ走っていたのです。宿題はそれだけだったのですが、その間にほかの子たちは、春休み中に英語の勉強をしているわけです。

当時の家族では、長女も一緒に行ったと思いますが、次男が名門中学に受かったということで、英文科卒だった当時の家内が、「やはり実地体験がいちばんよい。ネイティブの発音を聞かないと英語は駄目《だめ》だから、日本で勉強なんかしていないで、海外に連れていくのがいちばんだ」ということで、ニューヨークとかロンドンに連れていったのです。

そのときに、次男は、学校の宿題は二キロ走ることなので、ニューヨークに行

っても、バッテリー・パークの所を二キロただただ走ったり、セントラル・パークをただただ二キロ、無言で走っているだけでした。英語は、「No,《ノー》 thank you.《サンキュー》」しか話さないで、走っているだけでした。ロンドンでも同じ状態で帰ってきました。

その間に実は、中学受験が終わって合格が出たあと、二月の半《なか》ばぐらいから、当会のサクセス№1《ナンバーワン》という仏法真理塾《ぶっぽうしんりじゅく》では英語の勉強を始めています。受験が終わった人たちは、英語をやっていて、ＡＢＣや単語の勉強をやっていたので、「学校は走るだけでいいと言っていたけれども、少しは勉強したほうがいいのではないか。三月の旅行が終わったあと、ちょっとサクセスに行ってみたらどうだ」と言って、次男が行ってみたら、もうすでに英語をやっているので、先週の小テストをやっていました。

一から十までの数字や日曜日から土曜日までの曜日の単語が難しくて、御三《ごさん》家《け》に受かった子が、習っていないからSunday《サンデイ》, Saturday《サタデイ》, Tuesday《チューズデイ》が書けないし、読めないので、真《ま》っ青《さお》になっていました。サクセスに二回ぐらい行ったと思いますが、落ちこぼれてしまいました。

ですから、ネイティブの発音も少しは聞こえるかもしれませんが、海外で走らせるのではなくて、やはり勉強をやってから行かないと駄目だったと思います。それで少し苦手《にがて》意識がありました。友達はみんな、鉄緑会《てつりょくかい》だ何だと、いろいろな難しい塾に行っていましたけれども、入ってもついていけない状態になっていました。

学校に行くと、先生は、高校三年生まで教えた人が中一に下《お》りてくるため、先生の頭が六年持ち上がりなのです。受験生を担当した人が中一を教えるので、頭が元に戻らないのです。中一生のレベルに戻らないので、もう手抜《てぬ》きでセンター試験のようなものを、そのまま中間テストで出したりするようなことをやっていたので、もっと落ちこぼれます。

それから、英語の先生も担任がいたのですが、日本の教科書などでは、〝ちゃらくさい〟ということで、イギリスの教科書を取り寄せて、授業で使ったりしていたため、全然分からなくなります。向こうでは中学といっても、日本で言えば大人が読むような内容になっていますから、当然です。ですから、内容についていけないのです。そういうことで、英語が苦手になったりしていました。

「平凡からの出発」は、小学校やそれ以前でも起きるし、中学校でも起きるし、高校でも起きるし、大学でも起きます。もう一回〝ゼロ〟になります。もう一回キチッとやらないと、一、二年はいいだろうと思って、バイトだけして遊んでいたら、たちまち、専門学部に入るころに教養の基礎がなくてできない人はたくさんいます。

愛読者プレゼント☆アンケート

ご購読ありがとうございました。
今後の参考とさせていただきますので、下記の質問にお答えください。
抽選で幸福の科学出版の書籍・雑誌をプレゼント致します。
（発表は発送をもってかえさせていただきます）

1 本書をどのようにお知りになりましたか？

① 新聞広告を見て ［新聞名：
② ネット広告を見て［ウェブサイト名：
③ 書店で見て　④ ネット書店で見て　⑤ 幸福の科学出版のウェブサ
⑥ 人に勧められて　⑦ 幸福の科学の小冊子　⑧ 月刊「ザ・リバティ」
⑨ 月刊「アー・ユー・ハッピー？」　⑩ ラジオ番組「天使のモーニングコール」
⑪ その他（

2 本書をお読みになったご感想をお書きください。

3 今後読みたいテーマなどがありましたら、お書きください。

ご感想を匿名にて広告等に掲載させていただくことがございます。ご記入いただきま
個人情報については、同意なく他の目的で使用することはございません。

ご協力ありがとうございました！

郵便はがき

料金受取人払郵便

赤坂局承認

9654

差出有効期間
2023年3月
9日まで
(切手不要)

107-8790

112

東京都港区赤坂2丁目10−8
幸福の科学出版(株)
愛読者アンケート係 行

読ありがとうございました。
数ですが、今回ご購読いた
た書籍名をご記入ください。

書籍名

ガナ 名前	男・女	歳
住所 〒 都道府県		
電話( ) −		
①会社員 ②会社役員 ③経営者 ④公務員 ⑤教員・研究者 ⑥自営業 ⑦主婦 ⑧学生 ⑨パート・アルバイト ⑩他( )		
社の新刊案内メールなどをお送りしてもよろしいですか? (はい・いいえ)		
ail レス		

社会人になっても経験する「平凡からの出発」

社会人に入ったら、今度はどうかというと、学生時代に勉強がよくできたから行けるかと思ったら、今、これで若い人たちはそうとう苦戦中ではあります。

例えば、ＨＳＵ（ハッピー・サイエンス・ユニバーシティ）だったら、当会の教義も教えてくれているから、成績がよかったら当然できるだろうと思うのですが、実態を聞いてみると、先ほど述べたように「二〇一〇年より前の本は読んでいません」とかいうことで、昔の講演も当然聴《き》いていないので、長く職員をやっている人から見れば当たり前のことを知らないということが、現実に出てくるわけです。そういうことがあるわけです。

ただ、最初からずっと、講演や話を聴いたり、本を読んできたりしている人にとっては、たやすいことなのです。「ああ、あのころの話はこうだったな」と思っているから簡単で、別に頭のよし悪《あ》しは関係がないのです。それを経験している人は〝するっと〟知っています。

それが「二十年、三十年の意味」です。先輩《せんぱい》というのは、そういうことを知っていて、どういうときにそういう話をしたかを知っていますが、あとで活字だけで読んでも、そのときはどんな感じだったかは分からないので、使えないように見えたり、違うように見えたりすることがあります。

総裁補佐《ほさ》からも聞いた話で、一年だけ日本銀行に勤めていたのですが、会社の人間関係が少しうまくいかなくなったこともあったようです。けっこう年上の人がチューターとしてついたりするのですが、採用の区分が違うので、四十歳ぐらいの人でも、自分と資格が一緒だったりする人が教えてくれたりするのです。感情的にちょっとうまくいかなくなったりすることがあったら、教学に立ち戻らなければいけないと思って、当時、発刊されていた『感化力』という本を家で読んだそうです。

「ああ、こういうふうに人に接して、感化力を与《あた》えなければいけないのだな」と思って本に書いてあるようにやろうと思い、教学したことを会社で実践《じっせん》したら、人間関係がよくなって、「ああ、本当だ。先生の教えは効果があるのだ」ということを、実際に実体験したと言っています。

だから、今、もう少し経験を積んでいる方々は、この教えを実際に使ってみたら、どのように効果があるかを知っているのです。

これを使ってみたらこうなるというのを知っている人と、あとからまとめて、「教学が溜《た》まっていて、宿題みたいで、いつやるか。どうやって攻略《こうりゃく》したら、短《たん》距離《きょり》でマスターできるか」といった感じで、受験風に短距離マスター攻略法か何かがないかを探して、「よく出る本はどれか」「よく出る教えはどれか」というよ

『感化力』（幸福の科学出版刊）

うなものばかりを勉強しても、なかなか実体験にはなりません。

例えば、支部にいても、支部の信者さんの相談に必ずしも乗れないでしょう。そういうことがあるので、人生の前半は、やはり「充電《じゅうでん》」だと思ったほうがよいと思います。

給料をもらい始めたら充電だけでは許してくれません。学生時代までは充電中心ですけれども、社会人になったら、拙《つたな》くとも仕事はしなければいけなくなります。まずは給料分働くように頑張《がんば》らないといけないのですが、三十歳を過ぎたら給料分以上働かなければ駄目です。給料分以上働かないと、会社は発展しないし、仕事のできない人の分のカバーができません。

三十歳以降が「情報発信期」になってくるとしたら、その前に「充電期」がなければいけません。「充電しなさい、勉強しなさい」と言っているのは、そのあとに「放電」があるからです。放電しっ放しだったら、カラカラになってきます。

プロとして「話の種」が尽《つ》きないようにするのは難しいこと

昔、初期のころもそうで、一九九〇年代ぐらいで支部長や地方本部長をやっていた人に会って話を聞いたら、「一年も支部長や地方本部長をやると、乾《かわ》いた雑《ぞう》巾《きん》を絞《しぼ》るような感じになって、言うことがなくなるんです」と言っていました。乾いた雑巾をいくら絞っても、何も出てこないということです。

説法《せっぽう》しようとしても、みんなも勉強していることですし、当時中途《ちゅうと》採用が多かったので自分の経験したことなどの話をするけれども、当然ながら、だんだん種が尽《つ》きてきます。「もう乾いた雑巾を絞っているようだ」と言っていました。

これは神奈川《かながわ》で怪気炎《かいきえん》を上げている、〇〇さんのお父さんが地方本部長をやっていたころの話だったと思います。「乾いた雑巾を絞るように水が一滴《てき》も出ません」と言っていました。「信者と職員が同じ説法を聴くと、どれだけ読み込《こ》んで理解しているかぐらいしか差がないのでかなりきついです」「職員のほうが忙《いそが》しくて、一日中働いていて、信者さんのほうが余裕《よゆう》を持って、夜とか土日に勉強していたりして、手強《てごわ》くて話をすることがなくなる」というようなことを言っていました。

「すまんなあ」ということで、〝二重構造〟にしてやれば楽なのは分かるのですが、こちらも手間が二度かかって、ちょっとやってみたものの続かないのです。最初のころは、指導局長を置いても、指導することがありません。当時は月刊誌の論考に、だいたい三十分ぐらい話した内容を載《の》せていました。本部の説法をするところの講堂で三十分ぐらい説法したあと、私は話したあとでくたびれているのですが、指導局長が私のところに来て、「これはどういう意味か、これはどういうことか」と質問されて、録音を録《と》られました。

三十分の説法が月刊誌に載るのですが、その質問と解説で一時間半もしゃべらされたりしました。それは指導局の〝ネームバリュー〟のために使われているのです。指導局から行くレターが、いかに見事に解説しているかを職員に見てもらって、支部で解説できるようにするために使われていました。

三十分の説法を、私がまた一時間半使って解説するということまでしていましたが、いつまでもやっていられませんので、「いや、これはくたびれるなあ。みんなを食べさせていくということはこんなに大変なことなのか」というようなことでした。二重底にして、棚卸《たなおろし》というか、取次店のようにして取り次いで、法を卸《おろ》していくという感じになっていました。自分一人でやったらできることを、〝取り次がなければいけない〟というような感じが、職員の仕事であったと思います。

初期の講演会は衛星中継《ちゅうけい》もなかったですし、今のように通信がよくなかったですから、支部長などはみんな集まってきて、東京の講演会に来て、前のほうに座《すわ》って、メモを一生懸命《いっしょうけんめい》取っていました。メモを取って帰って、火曜日に自分が聴いてきた講演会の内容を信者さんに伝えるようなことを仕事にしていました。「支部長、頑張ってきてください」と言って送り出されて、メモを取って帰ってきて、お話しするというようなことで仕事になっていたのです。

今は同時に聴かれてしまうので、非常に難しいところがあるのですけれども、一定の法の量があるし、過去に説かれた話もありますし、教団としての経験も溜まっているので、いろいろな実例もたくさん出てきたりして、それを合わせて、解説等もつくれるようになっているだろうとは思います。

最初のころは、そのような感じで、けっこう厳しかったのです。ちょうどマージャンでもやって、帰りのハイヤーのなかで話しかけて取材する記者のようなものでしょうか。役人を接待したあと、タクシーのなかで、酔《よ》っ払《ぱら》っていて気が緩《ゆる》んでいるところに、何とかしゃべらせようとするところだけが仕事で、マージャンの六時間ぐらいは、仕事ではなくて遊びで、帰りのタクシーのなかで、話をさせるところだけが仕事だと聞いています。

そのような感じで、何かのときに私から引き出すという感じです。ですから、みんな、そばに寄ってきたがる気《け》はあって、そのときに耳に挟《はさ》んだ解説とか話とかを、「あのとき先生は、こういうことをおっしゃっていました」というように言うと、みんな「ほおーっ」というような感じで感心されることもあります。

特に宗務《しゅうむ》本部から、偉《えら》くなっている人が多いのですけれども、その理由も、ほとんどそういうところです。公式に説法したものは、みんな全員、末端《まったん》信者まで聴いているので、特に解説ができないけれども、宗務本部で近くにいると、何かのときに私が話したり、出した指示を聞いたりしている人がいるので、そういうところで少しプラスアルファを持っている部分があるのです。宗務本部から出されて、ほかの部署の幹部になったときに、そこの仕事はよく分からないけれども、とにかく「先生はこういうふうに言われた」とか、「ああいうふうに言われていた」とか言うと、「そうなのか。私は聞いていないから、そうなのかもしれない」と思われ、幹部になれたということです。古手《ふるて》というか、年配の幹部の八割ぐらいは、たぶん宗務本部経由になっているとは思うのですけれども、これからはそうでもないと思うのです。

宗務本部に来たがる方もそうとういらっしゃるのですけれども、今、教えは全部オープンにされていますし、教団の経験もいろいろなかたちで共有されていることが多いので、それぞれの持ち場で一生懸命、「平凡からの出発」でコツコツと凡事徹底《ぼんじてってい》してやり続けていって、「私はその分野については言える」というような、ある程度のエキスパートになることを目指していったらよいと思います。おそらくこれからは、どこにいてもそんなに変わらなくなってくるだろうと思います。

ですから、何かの分野についての話を講師としてできるぐらいのところまで、教学をしたり、教学以外の自分の関心のあるところ等を、少し勉強したりしておくことが大事だろうと思います。

標準的に言えば、職員であれば、支部長に任命されるまでの間が〝待ち時間〟なので、支部長になるまでの間に、「どれだけ過去の説法とか、本とか、こういうものを勉強し、教学していって自分のものにしているか」「仕事をしながら、マネジメントというか、人を使って、収入や支出をどのように考えて、支部を大きくしていくか、あるいは信者を増やしていくか」を体験して身につけていくことです。

教学して説法ができるようになることと、人が増えていくときにどうやってうまく運営するかを身につけていくこと、こういうことができるようになることが、最初の目安でしょう。とりあえずは、それを目指すべきです。

これに関しては、どこの大学を出ているかとか、昔、秀才《しゅうさい》だったかどうかというようなことは、たぶん関係がないと思います。

例えば、英語で英検一級を取っていても、支部長をしたらできるかといったら、必ずしもできるわけではないと思います。英検で出題されている内容を見れば、当会の信者、会員指導用に使えるようなものは、極《きわ》めて限られておりますので、そのままで使えるわけではありません。語学力を必要とする部署なら、一部使えるところはあると思います。

内容自体は、学生が受けるとすると、英検なども上のほうの級は少しだけビジネスの分野に入っていますから、ビジネス英語のようなものを分からないといけません。そういう学習経験、体験がないのに、ビジネス英語が分からないと、通りません。こういうことを少し背伸《せの》びしてビジネスの英語の世界を勉強していかないと、取れない資格ではありますが、実際にビジネスをやっているわけではありませんから、実際にできるかどうかといったら、これはまた別の話です。実際は仕事をしてみなければできはしないのです。

仕事の専門に応じた勉強をし、さらに学びを広げる努力

仕事でもそれぞれ専門があるので、細《こま》かく専門を分けられていくと、それ以外の人は、その仕事ができないのです。たとえ同時通訳ができたり、英語の資格をたくさん持っていたりしても、例えば、どこかの商社に入ったとして、「あなたは鉄鉱石の輸入をやってください」と言われて仕事をもらったら、たちまち英語ができるだけではお手上げ状態になります。鉄鉱石の勉強をしなければいけないし、「どのくらいのものが品質がよいか、あるいは悪いか」というようなことを勉強しなければいけません。

例えば、ベトナムで石炭の火力発電所をつくるとなったら、これまた学校の勉強をしたことだけでは足りないでしょうし、英語ができるだけで、できるはずも

なく、石炭の火力発電所というのは、どうやったらつくれるのかということを勉強しなければいけないわけです。このあたりをウンウン言って勉強しなければいけません。

アメリカの西海岸からオレンジを輸入するにしても、ただ輸入して卸すだけでは済まないですから、「日本のオレンジやみかんと、何がどう違うのか」「産地によってどう違うのか」「どうすれば味が変わってくるのか」「値段の差がどこで出てくるのか」とか、オレンジについての勉強をしなければいけません。さらに、投機的なものも加わってくることがありますので、それも勉強しなければならないのです。

ですから、新しく勉強しなければいけないことがあって、それに精通するだけでも普通《ふつう》は十年ぐらいかかるのです。

例えば、オレンジの輸入で十年、あるいはニッケルの合板のようなものを売ったり買ったりして十年というように、一つのものに精通して専門になって仕事ができるようになった段階で、次に上がっていきます。

課長に上がってきたりすると、ほかの金属のところとか、ほかの果物とかも見なければいけないとか、あるいは、お米や小麦はどうなっているのかまで見なければいけないので、今までやっていないところも見えるようにならなければいけません。

さらにその上になってくると、例えば、食料部門全体を見なければいけないとか、金属部門全部を知らなければいけないということになってきます。

さらに重役になってくると、平取締役《ひらとりしまりやく》であれば一つの本部を見ていればだいたいよいのですけれども、担当を持っていて最高でなれるのは常務ぐらいまでで、そのあたりから少し複数のところを見ることもあります。

一般《いっぱん》社会で株式上場しているような会社では、専務などの重役になってくると、だいたい三つか、四つぐらいの領域について見て、「全体を見るような力」が必要になってくるのです。

そうすると、例えば、食料とか、木材とか、石油の輸入とか、エネルギーとか、幾《いく》つか複数の分野にわたって経営判断をしなければいけなくなります。例えば、専務とかになったら、そういうふうになってくるわけです。

ですから、あるところのエキスパートとして積み上げないと、仕事ができないのですけれども、これだけで終わったら、「専門職」でだいたい終わるわけです。この間にほかのことも少しずつ覚えていって、勉強していかなければいけないわけで、だんだん仕事が広くなってきて、全体が見えるようになるわけです。

「頭のよし悪《あ》し」ではなく、「やるか、やらないか」

私も会社勤めをしていましたが、宗教でこういう仕事を始めたら、経験が〝ゼロ〃に近いですから、会社に勤めながら、宗教関係の本も当然読んではいましたし、宗教や哲学《てつがく》、その他の、経営とか、経済とか、政治とかいろいろなものを同時に読んではいました。

会社の仕事以外のものも読んでいたので、そのあたりが基本ストックのところです。三十歳で講演をして、まだ自分でも早いと思ってはいましたが、いちおう、それなりの勢いのある言葉を話してはいますし、宗教的な話もしてはいます。

会社で時間を稼《かせ》いでいた間に、少しずつ、新宗教と、伝統的な仏教やキリスト教、イスラム教やユダヤ教あたりの基本的なところは勉強していたのだろうと思います。

だから話ができているのです。やはり、その間にストックを溜めなければいけません。これも頭のよし悪《あ》しには全然関係がないのです。頭のよし悪しに関係はなくて、「やるか、やらないか」だけなのです。やり続けた人だけが、力をつけるのです。

ですから、会社時代に、商社マンとして終わろうと思っていれば、する必要はないことです。まったくする必要はないことですが、商社マンで終わると思っておらず、「使命」から考えれば、全世界に真理を伝えなければいけないという使命を持っている以上、過去の四大聖人、釈迦《しゃか》やキリスト、それから孔子《こうし》、ソクラテスといった人たちがやれたようなこと、言ったようなことを、現代においてやらなければいけないのだろうということは想像がつきましたから、それは勉強しなければいけないわけです。

仕事に直接関係ないものでも、勉強してストックしていくことです。経験の足りない部分は、まずは知識的なもので溜めていって、だんだん年数がたってきたら、これに経験の部分が増えて、量が増えてきます。知識も知識だけだと〝空回《からまわ》り〟しますので、経験の部分が乗ってきたら、「経験」と「知識」がミックスして、〝いい塩梅《あんばい》で差し出せる〟ようになってくると、これは「智慧《ちえ》」に変わってきたということになります。「智慧のある言葉」になってくるわけです。

それ以外に、海外伝道をしたければ、語学の勉強もしなければいけなくなります。

最近、天狗《てんぐ》の戒《いまし》めをずいぶんしているのですが、言いすぎているかなと思うこともあります。若い人がやる気満々で、「私はこんなに頑張った。認めてくれ」と言って、そういう叫《さけ》び声が聞こえるのは分かるし、優秀なのは分かるのですが、そのままでは使えないのです。これも分かっているのです。

ものすごく優秀なのでパッといいところで使ってやりたいなとは思うけれども、やらせたら、たちまち周りから総スカンを食い、本人は「世間《せけん》は、実に意地悪にできている」と思うようになるのです。

いじめを受けて、みんなに嫌《きら》われて、「私は優秀すぎるから、こんなに嫌われるのだな。宗教のなかでも、こんなに嫉妬《しっと》が強いのか」と思うようになるのがオチなのです。

だいたいそうですが、本当は勉強がまだ全然足りていないのです。それは知ったほうがよいと思います。

「仕事はしなければいけないけれども、自分がそういう立場に立つまでの猶予《ゆうよ》が与えられている間は、充電しなければ駄目なのだ」ということを知っておいたほうがよいでしょう。

ですから、「天狗になることと、うぬぼれは、敵である」と思っていたほうがよいのです。どんなに優秀な人でもよいのですが、新しい仕事になってきた場合、〝ゼロ〟になってしまうので、「そのときに、あなたは何ができますか」ということを考えてみてください。

5　「ゼロからやり直す気持ち」があれば、生き筋《すじ》は見つかる

お金だけではなく、ソフトや経験の〝貯金〟をしておくのが大事

今、コロナ不況《ふきょう》で、潰《つぶ》れていくお店もあります。小さな会社もあります。大会社も潰れます。そこで何年、何十年と経験を積んだと思うかもしれませんが、「では、潰れたら、そのあと、あなたは何ができますか」という問題が次に来るわけです。これは厳しいです。「三十年これ一筋《ひとすじ》」とか「四十年これ一筋」でやってきた人も、まだ食べていかなければいけませんが、仕事としては、店が完全に潰れることもあります。

「では、何ができるか」というと、やはり、備えをしていなかった人は苦しい

でしょう。あるいは、自分の経験したことや学んだことのなかから教訓を抽出《ちゅうしゅつ》して、他のものに生かせるようなものを持っていれば、それなりに生き筋はあるでしょう。

したがって、どんな環境《かんきょう》に置かれても、「もう一回ゼロから出発できるような気持ち」を常に持ち続けることが大事です。

松下幸之助《まつしたこうのすけ》さんが言っていたダム経営的なものは、一般《いっぱん》の人々、個人個人にも、当てはまるのです。

幸福の科学も、コロナ不況が来て、例えば、講演会を禁じられているわけではありませんが、「しないでくれ」という要請《ようせい》は受けています。また、「ソーシャル・ディスタンスを取ってください。人をいっぱいにしないでください」という要請も受けています。

こうしたなかで、映画をつくってどうするか。映画関係も倒産《とうさん》するところがたくさん出てくるでしょう。俳優たちも仕事がなくなり、撮影《さつえい》が止まってしまっています。それから、映画の撮影は終わったけれども、出演料を払《はら》ってもらえないようです。「上映されていないので、払えない」というわけです。ほとんどのところが、そうらしいです。

映画がかからなければ、お金を払わないで踏《ふ》み倒《たお》すらしいのです。そのため、「俳優組合等も非常に厳しい。食べていけないかもしれない。失業の危機がある」ということで、いろいろと文句《もんく》をワーワー言ったりもしていますが、今、世間《せけん》はそのくらい厳しいのです。

そのようにならないためには、幾《いく》つかの分野について仕事ができる状態をつくり、今までどおりの状態が続かなくても、ほかのかたちになったら切り替《か》えて、生き延《の》びていく方法はないかということを常に考え、「貯金」については、お金の面だけでなく、ソフトや経験など、ほかの面も含《ふく》めて〝貯金〟をしておくことが大事です。

亀《かめ》のごとく歩む「平凡《へいぼん》からの出発」という言葉に込《こ》めた気持ちとは

本法話《ほうわ》は、今年（二〇二〇年）の百一回目の説法《せっぽう》と言っています。こんなに必要ではないのですが、こんなに説法をしても、「みんな聴《き》けない」というのはそうなのですけれども、これは将来のためになるのです。

もし危機的状況が、二年、三年と続いていったらどうなるでしょうか。そうすると、教団を支えてくれている会社や大黒天《だいこくてん》の方々であっても、不況になって、厳しいことが起きてくるかもしれません。「そういうときに、食べていくための〝缶詰《かんづめ》〟なり、種まきの〝種〟なりがある」ということは大事なことでしょう。いろいろなところで使えるものを持っていれば、仕事は組み立てることによって、できることはできるだろうと思います。

例えば、国際本部であれば、私が海外に行って講演をすることができないとなったら、私が日本語で話したことをいろいろな国の言葉に翻訳《ほんやく》しておけば、集会ができない間は、そういうものを各家庭に送ったりして、つないでいくこともできます。また、復活したときには、翻訳された言葉で本を出し、それを広げていくこともできます。

どのようなかたちででも生き延びていく術《じゅつ》を身につけることが大事です。「水のように変化していくこと」は、非常に大事なことだろうと思います。

専門を深めつつ、周りのいろいろなものに対して常に関心を持ち、将来起きうることについて勉強をしておくことが大事だということです。

そういうことで、三十二年後に話をした「平凡《へいぼん》からの出発」は、現代の置かれた状況においての話になりましたが、要するに、「それだけの備えがあれば、準備があれば、自分を鍛《きた》えていれば、どのような事態が起きても、生き筋は必ず見つかるのだ」ということです。

「いつでも〝ゼロ〟にして、もう一回、新しい仕事にかかっても、それを成功させる」という気持ちがあれば、大丈夫《だいじょうぶ》なのです。

「たとえ、小麦粉がなくなって、うどんがつくれなくなって、うどん屋が潰れる。もう小麦粉が入ってこない。小麦をつくれる国が全滅《ぜんめつ》状態で壊滅《かいめつ》して貿易がなくなった。うどんは、つくって売れないかもしれないけれど、米でつくった何かであればつくれる。それだったら、販売《はんばい》のノウハウや経営のノウハウがあれば、新しい商売はつくれる」と思えば、つくれますし、うどん屋をずっとやるつもりだけの人はできないかもしれません。

先ほど言った松下幸之助さんのような、一代で世界的企業《きぎょう》をつくって、三十万人近い人を雇用《こよう》できるようになった人でも、最初は三人で始めていますが、自分の言葉として、「私に屋台のうどん屋をやれと言うのであれば、日本一のうどん屋になってみせる」と言っています。そうなると、努力してそのくらい頑張《がんば》るだろうと思います。そういう気持ちが大事です。

何か別の仕事をやれと言われても、「今までのノウハウや経験、あるいは、そこから得た悟《さと》りは、まだ生きているぞ」ということです。

接客業のところも、今回のコロナウィルスによって全滅しそうで、もう消えかかっていると思いますけれども、本当に接客のノウハウが知恵《ちえ》としてまで高まっているなら、これを活《い》かす道は、まだまだほかにもあるはずです。完全にロボットで全部を置き換《か》えられるはずはありません。

したがって、自分の経験のなかで、将来に向けてのストックをいつもつくっていくという気持ちが大事です。いつ新人、フレッシュマンに落とされても、そこからまた、ものをつくっていける自分になることが大事だろうと思います。

そういう気持ちを、亀《かめ》のごとく歩む「平凡からの出発」という言葉には込《こ》めてります。昔言っていたことと同じではないかもしれませんが、私もその気持ちはいつも持っています。ですから、温故知新《おんこちしん》で昔やったことを温めつつ、自分の経験した仕事や勉強したことから知恵をたくさん吸い上げてはいますけれども、未来に向けて必要なことは、着々と蓄《たくわ》えているという状態が続いています。

私が経験したからといって、宗教家になるには商社マンになるのがいちばんよいかといえば、そのようなことは全然ありません。商社に勤めても、宗教からはかなり程遠い世界で、毎晩お酒を飲んで、女性を同伴《どうはん》して歌を歌ったりお酒を飲んだりしてお付き合いばっかりしていて、「ああ、あいつは営業ができる」と言われていたような人は、こうした事態が来たら〝イチコロ〟です。あっという間に終わってしまいます。

人間関係が密であることも大事ですが、そこから、いろいろな人間学を学んでいれば、ほかの仕事でも使えます。しかし、「その場がうまくいくかどうかだけを考えてやっているような人」は、それ以上には行かないということです。そういうことを知っておいてください。

もう一度、自分の生き筋はどこから始まるのかを考えてほしい

若干《じゃっかん》、飛躍《ひやく》した面もあるかもしれませんけれども、「平凡からの出発」という言葉を、若い人たちが忘れているかもしれないので、言っておきたいと思って、本章でわざわざ話をしました。

特に、ＨＳＵができて、卒業生が当会の職員としてかなり入ってきていますけれども、みんな、プライドがそうとうあって、エリート意識は持っています。実際そうなのだろうとは思います。それが駄目《だめ》だとは言いません。それはそれで頑張ったと思うのですが、「もう一回、〝ゼロ〟になるのだということは知ったほうがよい」ということです。

私が、三十数年前に話した内容を、例えば『平凡からの出発』（『若き日のエル・カンターレ』）という本をすべて読めないので、ダイジェストで五ページか十ページぐらいにまとめた要点だけを丸暗記して、満点が取れたとしても、それで解説ができるわけではないということは知っておいたほうがよいということです。姿やかたち、シチュエーションを変えたときに、どういう話になるのかということです。

ですから、「昔、先生がこういうことを話されました」というのは、そのとおりですが、「では今、コロナ危機であれば、『平凡からの出発』は、どんなお話になるのですか」と言ったときに、それを話すことができる人が生き筋の人です。将来性が高い人です。

「それについては、聞いていません」「昔の話は、こうでした。要点はこういうことです。コロナ危機については、先生はまだ話していませんから、分かりません。何を話されるか、待っていましょう」と言うだけであれば、応用が利《き》かないということになります。

みなさまがたに、もう一度、自分の生き筋はどこから始まるのかを考えてやっていくことを望みたいと思います。

本章では、古い話も兼《か》ねながら、若い人も意識して、これからやるべきことについてお話ししました。これから不況に向かっていく現在の経済状況のなかで、当会が考えておかねばならないことを、一部お話ししたつもりですので、どうか私の言っていることの真意を理解してくだされば幸いです。

第3章

信用、信用、また信用

二〇二〇年七月四日　説法《せっぽう》
幸福の科学 特別説法堂にて

1 「信用」が仕事をする

誰《だれ》であっても、その人の置かれた立場で信用は発生する

本章は、珍《めずら》しい題での話になりますけれども、「人間学」でもあるし、「処世術」についての話でもあります。そしてまた、これは、社会の成り立ちを説明する話でもあろうかと思っています。

銀行などにお勤めになった方は、「信用」というような言葉はよく聞くかもしれませんけれども、職業が何であれ、あるいは男女の別はあれ、年齢《ねんれい》の上下はあれ、いろんな身分制がある場合もあるかもしれませんが、その人の置かれた立場において、やはり、必ず信用というものは発生するのです。そして、実際に仕事

をしているのは、この目に見えぬ信用というものので、それが仕事をしているのです。

その人の発した言葉、その人の出した命令、その人の書いたもの、契約《けいやく》、いろいろなことが還元《かんげん》してくると、この仕事という、生き方に対する信用ということに戻《もど》ってくるのではないかと思います。

だから、この世的には、例えば、「勉強ができて高学歴の人になれ」とか、あるいは「人のうらやむような職業に就《つ》け」とか、「出世しろ」とか、「お金持ちになれ」とか、男なら「美人の嫁《よめ》さんをもらえ」とか、女性だったら「玉の輿《こし》をゲットせよ」とか、親として教育に費用をかけた場合は、「老後の面倒《めんどう》を見てくれるぐらいのちゃんとした息子《むすこ》や娘《むすめ》になってくれよ」というような気持ちもあろうかと思うのです。

いずれにしても、いろいろとこの世的に値打ちがあるものとか、みんなから一《いち》目置《もく》かれたり、尊敬される出来事は多いとは思うのですが、全部はこの信用、その人の信用に戻ってくることがあるのです。

だから、同じ地域に生まれ、同じ学校に通い、似たようなコースを歩み、似たような会社に入ったりしても、この信用の部分は個人個人で違《ちが》うのです。

でも、この「個人の信用学」のようなもの、「こうすれば、あなたの信用が増しますよ」「こうしたら減りますよ」といったことを、こまめに教えてくれるような教科書はないのです。

仕事等を通して「どの程度、自分に信用があるのか」が見えてくる

人生でいろいろな経験をして、「失敗した」とか、「これは、思いのほか協力を得てうまくいったな」とか、いろいろな経験を繰《く》り返すわけですが、そうした試《し》行錯誤《こうさくご》のなかで、今、自分に信用がついてきているのか、信用を失いつつあるの

か、どの程度、自分に対して信用があるのかが見えてきます。

銀行から言えば、お金を貸すときに、「信用限度」というのがあるのですが、この人にお金を幾《いく》ら貸しても大丈夫《だいじょうぶ》かというのを、いちおう測るわけです。中身が十分に分からない場合は、外形・外見的なもの、土地とか、建物とか、財産とか、目に見えるもので、「だいたい、どのくらいの値打ちのものを持っているから、この程度の金銭的な信用がある。だから、その八掛《が》けぐらい、あるいは七掛けぐらいはお金を貸してもいいかな」という信用がつく場合もあります。

難しい仕事ではあるのですが、例えば、新しくベンチャー企業《きぎょう》をつくろうとしているような人などは、ほとんど、その〝大将〟というか、〝やろうとする人〟の個人的なカリスマ性と言えば「カリスマ性」、「人気」「時流を読む目」「断固としてやり抜《ぬ》く力」「人がついてくるところ」、あるいは「説得力」「営業力」「シャープな目の付けどころ」など、いろいろな、ほかの人にないような面が魅力《みりょく》になって、その魅力が一定の信用になります。「この人なら、このくらいまでやるんじゃないか」という感じが周りから見えてくると、それが、その人の信用になるわけです。

例えば、今年の秋公開の「夜明けを信じて。」（製作総指揮・原作 大川隆法、二〇二〇年十月十六日公開予定）という映画を上映します。このなかに会社時代の私の経験を〝投影《とうえい》〟した部分も、あることはあるのです。

私は、今言ったような銀行と取引している商社の財務部門にいたのですが、条件交渉《こうしょう》をして自分たちにとってはすごく利益が出ることでも、当然ながら相手にとっては、損が出る結果になります。

交渉というのはそういうものではあるのですが、あちらが明らかに損が出るのが分かっている交渉でも、呑《の》んでくれるシーンが出てきます。映画でまた観《み》ていただければいいと思うのですが、「交換《こうかん》条件はありますか」と、私に当たる役者が言っています。「交換条件はありません。あえて言うなら、あなたに出世してもらうことです。あなたが出世してくれるなら、当行としては、幾らお金を貸していても、構わないんだ。それは大きくなって返ってくるから」というようなシーンが出てきます。

これは、実際にあった言葉をそのまま使っているので、フィクションではありません。本当にそのとおりなのです。「損は出るのですが、ほかの会社から取り返しますから、どうにかなりますから、いいです」というようなことを言っていました。

これは珍しいことです。そもそも銀行というのは、実物がないと信用しないようなところであり、担保《たんぽ》がなければ貸さないというところなのです。そういうところでも、やはり相手によって、信用が変わってくるというところはあります。

そういうシーンを描《えが》いているものがあるのですが、「どの程度、自分に対して信用があるか」ということは、知っておくことが大事だと思うのです。

以前に話したこともあるのですが、名古屋《なごや》で独身寮《りょう》にいたとき、後輩《こうはい》に当たる人の一人が言っていたことですが、例えば、「あなたが『東京駅から名古屋までタクシーで走ってくれ』と言ったら、タクシーの運転手は黙《だま》って走ってくれるだろう」と言っていました。普通《ふつう》、「そんなバカなことありますか」と言われるだろうけど、「あなたが言うなら、必ず走ってくれるでしょう」ということでした。「あなたは、詐欺師《さぎし》とか、そんな類《たぐい》ではないし、『この人がタクシーで走ってくれと言うからには、何かよっぽど、ちゃんとした事情があるんだろうな』と思うし、『お金が払《はら》えないということは、まずないだろう』というようなことは〝一《いっ》瞬《しゅん》で感じる〟から、それは走ってくれるでしょうね」というようなことを言っていたのを覚えています。そのようなところは、あるわけです。

人というのは、日ごろ、ずーっとつくってきた「総合のもの」が、〝一瞬にして〟相手に感じ取られるところがあるのです。それが「信用」です。

だから、いろいろなことを試みて、失敗したり成功したりはありますが、それを通して、「トータルで、自分はどの程度ぐらいまで信用があるのか」という問題を知っておいたほうがよいです。

財務・経理・人事等の組織の中枢《ちゅうすう》には、信用のある人が選ばれる

会社でも、財務・経理部門とかに配属する際、お金に信用のないようなタイプの人は基本的に配属してはいけないと思います。ごまかしたりするような人です。お金をごまかしたり、公金を私用に流用したりするような人は、あまり望ましいとは思われませんので、最初からそういう感じの人は弾《はじ》いて、きちんと選んではいます。

特に、お金そのものが商品だというような銀行、その他の信用取引をしている

ところでしたら、人間としていかがわしい人や、いかがわしい人に引っ掛《か》かりそうな方は、基本的に弾くようになっていると思います。

これ以外で、お金には関係なくても、例えば、会社の秘書部門とか、人事部門とか、総務部門とかでは、非常に会社の中央部分につながる機密があるようなところが幾つかあると思うのですけれども、そういうところに配属していい人は、やはり、基本的に「口の軽い人」は駄目《だめ》なのです。

口の軽い人をそういうところに配属すると、会社の情報などがツーツーと抜けていき、人づてに週刊誌に書かれたり、同業他社が情報を探《さぐ》っていることが多いので、同業他社のほうに先に知られてしまったり、手を打たれたりするなど、いろいろなことが起きます。だから、ギリギリまで、そういうものは知られないようにするというようなことが言われていました。

山一證券《やまいちしょうけん》が、一九九〇年代のバブル崩壊《ほうかい》、それから金融《きんゆう》崩壊が起きているときに倒産しましたけれども、「今日潰《つぶ》れる」ということを知っていたのは、四人ぐらいだったと言われているのです。それ以外の人は健気《けなげ》にも、店頭で働いている人たちまでみんな、自分の会社の株を給料で買っていたというので、かわいそうなぐらい愛社心はあるのですが、「本日潰れます」ということを知っていたら、それは買うわけがありません。出したお金で得た「株券」が〝紙切れ〟になるわけです。

だけど、「今日潰れると知っていたのは、五人もいなかったのではないか。四人前後だったのではないか」と言われています。それくらい、情報というのは、大事なところは守っていないといけません。早く出たら早く潰れるだけのことですし、潰れるにしても被害《ひがい》は最小限にして、善後策を立ててから潰れるようにしないといけませんけれども、それより早く情報が〝抜けて〟しまった場合は、最悪の場合、予想しているよりもっと悪い結果が来る場合もあります。また、そういう悪いことを狙《ねら》っている会社などに狙われることもありますので、極《きわ》めて厳しいところはあると思います。

「私《し》」を滅《めっ》して「公《こう》」を取れるか

だから、中枢《ちゅうすう》部分に入れるかどうかとか、あるいは、会社のなかで出世できるかどうかとかいうのは、「その人が、物事の重要か重要でないかを判断できるかどうか、大小を判断できるかどうか」、あるいは「公《こう》と私《し》が葛藤《かっとう》を生むようなところでは、私を滅《めっ》して公を取るということができるかどうか」。こういうところが見られているわけです。

これはかなり厳しいです。内面の葛藤であるからです。

でも、「この人をここに置いていたら、何としても守り抜くだろう。信用を守り抜くだろう」と思うような人は、そういう大事なところにちゃんと使います。

だから、戦国武将でもよいのですが、「この人にこの小城《こじろ》、出城《でじろ》を護《まも》らせていたら、たぶん最強だろう」「この人で護り切れない場合だったら、もうこれはしかたがない」という場合はあります。そういう信用限度というものはあると思うのです。

戦力的にどうしても勝てない相手とか、そういうものもあるとは思うのですが、それでも、善戦して、被害を食い止めつつ、再起を期《き》すだけの戦力を残しながら、よく戦える人は、やはりいるとは思うのです。

これらはすべて、個人の信用に基《もと》づくものであると思うのです。

2　公私の関係から学ぶ信用の考え方

男女の問題や家族間でも「信用の問題」は大きい

男女の問題などでも、やはり、この信用の問題は大きいのです。男女の問題で「信用」を言う人は、今どきあまりいないとは思うのですが、結婚《けっこん》前の女性たちの本音を聞きますと、いろいろと表向きのこの世の条件をいっぱい言うことは言うのですけれども、たいていの場合、やはり「本当は、堅《かた》い人がいい」と言います。「堅くて堅実《けんじつ》な人が、やっぱりいい」と、本音ではそう言います。

表面上は、確かに、テレビによく出るようなイケメンがいいとは思うし、昔言われていたのであれば、3高――高学歴、高収入、高身長といった「3高」みたいな人がいいとかはありました。ほかの人に知られるには、そういう、みんなが「ああ、それはいいね」と言うような条件があれば、いいことは間違《まちが》いないのでしょう。

しかし、それ以外には、何と言っても、やはり結婚するとなったら「ある程度の堅実さを持っている人と」と言います。今は途中《とちゅう》で難しくなることは多いのですけれども、それでも最初から離婚《りこん》目的で結婚するような人もあまりいるわけではありません。力及《ちからおよ》ばずして破れることはありますが、それでも、結婚する段階で、離婚が目の前に見えているような結婚をするというのは、ちょっと愚《おろ》かなことだろうとは思います。

ですので、いかに、そうした堅実さがあるかということは、ほとんどの人が、十人訊《き》いたら八人ぐらいは口を揃《そろ》えて、本音ではそのあたりのところを言います。

というのは、本質的に、外敵から家庭を護《まも》ってくれて、奥《おく》さんやその子供たちが無事に過ごしていけるように配慮《はいりょ》してくれ、家を、その外敵、あるいは狼等《おおかみ》に襲《おそ》われないように護ってくれる、そういう夫を求めているというところはあるからです。

また、男の側から見たら、信用がない女性とかであったら、仕事に打ち込《こ》めないということはあります。いろいろとありますが、女性でも、もちろん、会社に勤めている間に、どこでどんな男と何をしているか分からないという意味のこともあるかもしれないし、パチプロになりたくて、目を離《はな》したらしょっちゅうパチンコ屋に行ってやっているとか、帰りにいちおう覗《のぞ》いてみようかと思ったら、相変わらず、家内がパチンコを朝からずっとやっているらしいとか、そんなこともあるかもしれません。

「子供はどうした」と訊いたら、「そうだ。迎《むか》えに行く時間を忘れていた」とか、こんなことだと、やはり、ある種の信用はなくしますし、子供のほうからの信用もなくします。「ママ、五時になっても迎えに来てくれない」とか、こういうこともあるし、「今日は塾《じゅく》のある日だったのに、弁当を夜つくってもらわなきゃいけないのに、ママが忘れていた」とか、こういうことが続くと、子供のほうも、母親への信用をなくします。

あとは、確かに仕事の忙《いそが》しい父親でしたら、遊びの約束をしても反故《ほご》になることは多いとよく言います。これはよく聞くのですが、夜遅《よるおそ》くまで仕事をするような人とか、営業系で付き合いがあるような人とかは、約束を破ってしまうことは多いものです。

朝、約束しても、やはり、何が入ってくるか分からない。重要なお得意先から「今日、付き合え」とか言われ、それは断ったら危ないなと思ったら断れなくなりますが、いちいち、それを家に連絡《れんらく》して言い訳するのも、毎週毎週、何回もあると、周りから「あいつ、ちょっとおかしいのではないか」と言われ始めるようになるから、沽券《こけん》にかかわるので、そんなには言えなくなります。

日本人は、子供との約束についてそんなに言わないけれども、アメリカ人などであれば、息子《むすこ》が野球の試合に出るのを観《み》に行くとか、「キャッチボールしようね。この次の日曜日にキャッチボールしようね」とか約束したことを破るというのは、ものすごく大変なことなのだというようなことを、映画などではよく描《えが》かれています。普段《ふだん》、接触《せっしょく》する面積が狭《せま》い分だけ、破っていいことと悪いことというのはいろいろあって、そういうことで信用をなくして親子関係が悪くなることもあるし、夫婦《ふうふ》関係が悪くなることもあります。

教団が大きくなると、家庭内のわがままが許されなくなってくる

私なんかは、結婚したら離婚は普通しないタイプです。日本人を百人集めて、そのうち九十九人が離婚したとして、百人目にして〝最後の一人〟に当たるぐら

いで、そんなに簡単に石垣《いしがき》が崩《くず》れないタイプではあるのですが、そのような私でも、結婚して二十年、法律的には二十四年目ぐらい、あと一年頑張《がんば》れば二十五年目で何かお祝いを頂けるぐらいの、〝何とか婚〟（銀婚式）になるぐらいのときに、離婚することになりました。

幸福の科学で仕事をしている方は、もうかなりの数がいて、みなそれぞれ家庭を営《いとな》んでいるし、それ以外に信者の方々も、幸福の科学を中心に人生を立ててやっていて、そうした大勢の人たちの信頼《しんらい》を裏切れないというか、彼らの未来に対する責任というものもあるので、この場合は、やはり家族であっても、そのわがままが効く範囲《はんい》と効かない範囲はあるという判断はあったと思います。

教団が小さいうちは、家族のなかでのわがままとか、イレギュラーなこととかがあれば、公的なものが潰《つぶ》れたり、撤回《てっかい》になったりするようなことは、けっこうあったのですが、失敗してもまた取り返すなど、何かして、もと以上にリバウンドしてくることで乗り切れたことも、何度もありました。しかし、一定の大きさを超《こ》えたあたりから、許されなくなってくるところがあるわけです。

だから、父親としても、「私《わたくし》」のほうが強い場合は、妻から言えば〝自分のもの〟だし、子供から言っても〝自分の父親〟だし、というようなところがあったのが、だんだん、その責任の範囲が広がってくると、子供は五人いましたが、例えば、幸福の科学学園中学校・高等学校の関西校、それから那須《なす》本校で六年間も信者の子弟《してい》等を預かって教育していると、みな、ある意味では〝父親代わり〟に慕《した》ってくださっていることもあります。HSU（ハッピー・サイエンス・ユニバーシティ）をつくっても、やはり、そのように思っている人はたくさんいました。

〝父親の代理〟になっているというか、そのように託《たく》されている面もあります。「自分のお父さんは、こんなことで駄目《だめ》だというか、宗教的にはちょっと駄目だけど」ということで、その代理のものを求めている方々も多いのかなと思っています。

だから、「子供は五人だけれども、実際上は何百人も何千人も、自分の子供はやはりいる」という気持ちは、ずっと持っていました。こういうことは言わなくても通じていくもので、教育を受けている人たちは、「私立の学校を儲《もう》けさせるためだけに来ているわけじゃない」というように、みな思っているところはあったと思うのです。

そういった「責任の重さ」や「信用」にかかわるものについて、両方は立たない場合、あるいは三つは立たない場合、四つは立たない場合と、そのどれかを選ばなければいけないときに、ほかのものをどうしても護れないことはあります。しかし、「この人がそれを護れない場合は、よくよくのことなんだな」というように思わなければいけないこともあると思います。

総裁の妻や子供でも、信用がどこまであるかが試《ため》される

失敗の話をするのはちょっとつらいのですが、創業期に手伝ってくれた最初の家内は、二十四年間ぐらいは法律的には妻であったわけだけれども、長くやっているうちに、自分が教団の半分をつくったぐらいのつもりになっていたところはあると思うのです。

しかし、いざ離婚して離れたら、教団が割れて自分についてくるかと思っていたのかもしれないけれども、信者は誰《だれ》もついていかなかった。だから、「みんな、教えについていきていた」ということを、気がつかなかった。こういうことが、家庭のなかだけで見ているると、分からないところはあります。

私の子供たちもだんだん成人してきて、一通り大人になってきたのですが、「先生のお子さん」ということで、小さいころは特別にいろいろと配慮されるこ

とは多かったと思うのです。

けれども、だんだん大きくなっていくにつれて、自分で責任が取れる年齢《ねんれい》、物心《ものごころ》がついて、自分で判断して、行動や勉強、生活に責任を持たなければいけない年齢になってきたら、「先生の子供」だからといっても、やはり、怠《なま》けている場合は、「あの人は怠けていて、ちょっと手本にならないな」と思われることもあれば、「先生のお子さんだけど、人が見ていないところで努力している方なんだな」というように思われることもあります。

また、「ほかの人のことを思いやっているのか」、あるいは「実力以上のものを望んで、得ようとしているのか」とか、そういう心の動きをみんなに見られたりしていて、この信用がいったいどこまであるかということを、いろいろなところで試《ため》されていたのではないかなと思います。

学生あたりは、まだちょっと自由なところもあるし、甘《あま》いところもあるけれども、社会人になると、もういっそうの重みがかかってくるということです。「自分としては、父親のすぐ近くにいるぐらいのつもりでいるから、会社で言えば、すぐ重役ぐらいのところにいなければおかしい」ぐらいの気持ちは、子供としては持っていました。

ただ、実際に、幸福の科学というところは大きな規模を持っていて、間接的に影響《えいきょう》するのも含《ふく》め、全世界百十何カ国にも影響しているし、実際に政治活動などをしていても、政党として、なかなか国政レベルまでは、自分たちの力では動かせないことはあっても、発信している情報自体は日本にかなりの影響は与《あた》えて、方向性を変えたりはしています。

そういう意味での重みや信用というか、言っていることとの大事さは、みんな感じ取っています。世間《せけん》の人々も感じ取ってはいます。

だから、周りが、「この人はこういう人だ」と思っているけれども、だんだん立場が変わっていって、年齢が上がって経験も積んでいけば、当然ながら、ちょっとずつ賢《かしこ》くなっていなければいけないわけです。

ところが、幼いまま、子供のままの気持ちでいたら、「あるときまでは、それでよかったのに……」とか、「高校生のときにはそれでよかったのに、大学生になったらそれでは通用しない」とか、「大学生のときは、それくらいのことは許してくれたのに、社会人になったら許してくれない」とか、「社会人になったけれども、役職をもらったら今度は許してくれない」とかということは出てきます。

世間一般《いっぱん》に、普通に当たり前に要求されるぐらいの能力は、当然クリアしていなければいけないのです。もう少しプラスアルファがあってもいいぐらいだと、みんなは思っているからです。

だけど、自分のほうは、どちらかといえば、本当は、親の片腕《かたうで》ぐらいのところにいなければいけないはずなのに、そういうふうにならないので、何か他人《たにん》様がいっぱいエゴ剝《む》き出しで、横取りしているように見えてしかたがないのだろうと思います。こういうものを、乗り越《こ》えていかねばならないと思います。

危機の時代には、〝情状酌量《じょうじょうしゃくりょう》〟抜《ぬ》きで本当のリーダーかが判断される

日本も、同族会社というか、親子で継《つ》ぐようなところも九十何パーセントありますが、アメリカも実態は同じようなもので、九割以上は、実は同族会社ですので、こういう後継ぎの問題は、みんなとても難しいのです。だから、業績がよければ、あまり追い出されたりはしないのですが、やはり、経営環境《かんきょう》が変わってきますので、そういうときに危機対応ができるかどうか等で、一瞬《いっしゅん》で〝いってしまう〟場合はあります。

そういう危機の時代になりましたら、「大勢の人たちが、ハリケーンのときにどこに避難《ひなん》したらいいか」を判断できて引っ張っていってくれるような人がリー

ダーにならないと、やはりうまくいきません。

平常時はいけるし、黒字がずっと続いているような追い風のときは、そんなには人は言わないものですが、「危機になってきたら、やはり本当のリーダーでないともたない」というのは、〝情状酌量《じょうじょうしゃくりょう》〟抜《ぬ》きで判断されるようになります。

3　志《こころざし》・勉強の継続《けいぞく》・総合力が信用のもと

自分の働きにふさわしい「お金の使い方」がある

特に、この信用には幾《いく》つかあるのですが、一つは「金銭的な問題」です。

いろいろな行動をしたり、あるいは物を買ったり、建てたり、使ったりするときに、自分の働きや仕事から見て、どのくらいまでは構わないのか。

企業《きぎょう》で言えば、今はあまり交際費はないかもしれませんが、営業部門であれば、交際費がついていた人も、やっている仕事から見て、どの程度まで交際費を使ってもいいレベルなのか。あるいは、ただ個人的に遊んでいるだけなのか。

人によっては、ゴルフ好きの人であれば、週に三日も四日も接待ゴルフをやっている人もいます。社長から部長あたりまでやっているところもあるけれども、本当にそれが商売につながっているかどうか。

このようなことは、社内の人にもじーっと見られてはいるし、実は社外の人も見ているわけです。

玩物喪志《がんぶつそうし》――遊びにのめり込《こ》むと信用を失う

「あそこの社長さんは、週にもう四回もゴルフを接待でやっているけど、あの会社は潰《つぶ》れないのか。大丈夫《だいじょうぶ》かねえ」というのは、キャディーさんも思います。また、ゴルフ場のレストランの店員さんでも、それを見ていて、「大丈夫かねえ、会社は」と、みな思うものです。

こういう素人《しろうと》の直感は、けっこう当たっているところがあるのです。何かにのめり込《こ》むというタイプは、やはり怖《こわ》いものがあります。

楽しくやっているように見せたりすることは大事なことですし、遊ぶときは楽しそうに遊ぶべきだと思うけれども、そちらのほうに振《ふ》り回されているようになっていったら、これはもう危険信号です。

古い言葉では、「玩物喪志《がんぶつそうし》」という言葉があります。玩物というのは、子供で言えば、遊び道具とかおもちゃみたいなものです。

この遊び道具、おもちゃをいじっているうちに、ただの遊び道具ということを忘れて、何もかも忘れてそれに夢中になってしまうようなことを、「玩物喪志」、「志《こころざし》を失う」というのです。

ゴルフをやっていても、それでいろんな交友関係ができてうまくいき、信頼《しんらい》関係ができて、仕事がうまくいくことは本当にあります。それはあることですけれども、それが、「実はゴルフをしたくて会社に行っている」という感じになってきたら、これは玩物喪志です。

ゴルフがしたくて、本来の会社の経営というような志とか、あるいは会社を大きくするとか、従業員の家族の生活を護《まも》るとかいうようなことを忘れて、ゴルフにばかり熱中してきたら、もうこれは玩物喪志になります。

あるいは、ゴルフ以外にもいっぱいあります。それは、課で温泉旅行に行くのが趣味《しゅみ》になって、毎月毎月、温泉旅行に行っているというようなところです。

ほかのところから見て、「あそこの課長は温泉好きだけど、ちょっと度が過ぎていないか」「あれは本人の趣味だろうが」「学生時代は、温泉クラブか何かに入って温泉探検をしていたらしいけど、社会人になっても、まだ温泉に行っている。もう課員はヘトヘトになっている」ということを言われる場合もあります。

こういうものでも、玩物喪志に当たると思います。そういうもので遊んでいるうちに、本来の志を忘れてしまうようなことになってしまいます。

競馬《けいば》や競輪などでも、たまに気晴らしで行くような人もいるかもしれないけれども、度が過ぎれば、一家も破産に追い込まれて、無用な借金、危ないところから借金をして、会社のほうにも脅《おど》してゆするような人がチョロチョロ出入《ではい》りしてきたり、電話をかけてきたりし始めたりします。すると、本業のほうが危なくなって、逃《に》げ隠《かく》れしなければいけなくなったりすることもあります。このようなことで、自分の好きなことでも「限度」というものがあります。

テニスなどでもそうです。ゴルフをやらない人は、時間が短いのでテニスで接待するというか、テニスの遊びをしたりするようなことも、あることはあります。

私のころも、すでにそんな感じが出てきていました。ゴルフでしたら朝の八時からプレーを開始していたので、もう四時起きとか、そんな早くに行かなければいけません。それでお昼を食べて、ビールを飲んで、みんなの成績を発表して、表彰《ひょうしょう》したり何かしていると、もう夕方になって、帰ってきたら、晩ご飯《はん》前ぐらいになったりしているので、一日潰れます。一日潰れるのは、けっこう大きいことです。

だから、テニスなどに切り替《か》えているような方も多くて、「ゴルフはしませんが、テニスでしたらお付き合いできます」と言う人もいます。テニスだと二時間ぐらいでだいたい終わることが多いので、そういうこともありました。

私も、中学生時代に軟式庭球《なんしきていきゅう》を三年ぐらいやったのですが、昔話になりますが社会人時代に名古屋《なごや》にいたときに、人が少ないのもあって、テニス部長というものに任命されてしまいました。「えーっ!?」というところがあったのですが、「昔やったことがあるし、硬式《こうしき》も大学でちょっとはしたことがあるから、できないことはないですけど」と言いました。

会社のクラブというのはいいかげんなもので、車の運転をして行って、テニスをして、お昼を食べて、ビールを飲んだりしてお酒を飲んでいるので、車の運転は危ないのですが、その酔《よ》いが醒《さ》めるぐらいまでゆっくりしてから帰ってくるというようにやっていたことはあります。

付き合いでしなければいけないこともあると思うのですが、やはり、のめり込みすぎて志を失わないようにする努力は大事です。

勉強を続けて教養を持つことが、ほかの人との「違《ちが》い」になる

仕事の本業で勉強を続けているということも、非常に大事なことではあります。

本業で、より専門度を高めるような勉強を忘れずに、ルーティンが流せるようになったからということで諦《あきら》めたりしないで、もうちょっと視野を広げていくように努力していくことも大事ですし、本業以外の人間としての教養の部分を持っているということは、すごく大事なことです。

このあたりのところは、意外に、日本国内で外の人とお付き合いしているときは、そんなには分からないところがあります。日本では、仕事レベルでの話と、

あとは他愛もない話ぐらいで終わることが多いのですが、海外に行ってみると、けっこう「人間 対 人間」の付き合いのところもあるし、親しくなると、家庭に呼ばれたりするようなこともあったりします。そのようになってくると、その人個人が持っている教養のバックグラウンドがどのくらいあるかというのは、ものすごい違《ちが》いになるわけです。

日本人の大多数は、海外に行っても、キリスト教も知らずに行っている人がほとんどです。しかし、キリスト教国などに行ったら、キリスト教は小さいころからみな教養のバックグラウンドとして入っているものです。

ほかの日本人は、キリスト教のことなど何も知らないのに、例えば、私などはたまたまキリスト教のことを勉強しているので、いくらでも話の相手ができるとなってきたら、俄然《がぜん》、「ほかの人と、ずいぶん違う日本人がいるんだなあ」というような感じになります。

そうすると、そのようなことに対しての直観とか、洞察《どうさつ》とか、考察とか、理解とかがある日本人となると、「何かちょっと違うな」という感じが出てくるのです。意外なところで、そういうものの違いが出てくるということはあります。

結論を読むためには「総合的な見識」が要《い》る

それから、例えば、法律の勉強をしていると、法律というのは、誰《だれ》がやっても同じ結果になるものではないのです。交通違反《いはん》の反則を取り締《し》まっているだけのような、そんなものではありません。

法律というのは、解釈《かいしゃく》によって伸《の》び縮みするし、弁護士同士でも論理を立てて戦い合ったりするぐらいですので、その人の背景にある哲学《てつがく》や思想、信仰《しんこう》等のバックグラウンドによって、やはり正義の見え方が違っているのです。

経営者になって、弁護士を雇《やと》うことはできます。ただ、弁護士は、法律としてはスペシャリストではあるものの、弁護士を使って実際に戦えるかどうかになると、指示というか、「ゴー。これは徹底《てってい》的に戦う」とか、「これは、もう適当に和解してください」とか、「これは、このくらいのところでもう止めておいていいです」とかの判断は、法律のプロでなくても経営者がしなければいけません。

どのくらい自分のほうに分《ぶ》があるかとか、損が出ているかとか、どのあたりの結論で落としどころにしていいかとかを読まなければいけないわけです。

これを読む力自体は、やはり「総合的な見識」です。その人の持っている正義論や、哲学、宗教、神学、道徳、あるいは政治経済、文学など、いろいろなものの背景、バックグラウンドがあって、自分としては、「これは、このあたりが落としどころとして正しい。落としどころだと思う」というところが見えなければいけないのです。

それは、ゴルフで言えばホールです。「穴はあそこに開《あ》いているから、あそこに向かって球《たま》を打たなきゃいけない」ということが見えなくて、どこに打ったらいいか分からないのでは困ります。ゴルフのクラブを振っても、球はどこに飛ばしたらいいか分からないのでは困るのです。やはり、「五番の旗の所の穴に向けて打たなければいけない」ということを決めるのは、そのトップなのです。経営者だし、その弁護士等を雇っている人の判断なのです。

弁護士のほうが、自主的に「五番ホールを狙《ねら》いましょう。あそこはだいたい三打ぐらいで入るはずですから、第一打は、このくらい力を入れて二百ヤード飛ばしましょう。第二打は、このくらいの強さで寄せていって、最後に五十センチ以内に近づけて、ホールインしましょう」とか、こんなことは言ってくれないのです。弁護士のほうは言ってくれません。

残念ながら、専門家だから言ってくれるのかと思ったら、言ってくれないのです。どのような戦い方をするかはプレイヤーの仕事なので、その人がどう思うかによるのです。

弁護士は、「お手伝いはしますけど」というような感じで、キャディーさんのようなものです。「ここは〝池ポチャ〟がよく出るところかいね？」と言ったら、「そうですね、風が吹《ふ》いていますからね。まっすぐだと思って打ったら右に曲がることがあって、池にポチャッと落ちますよ。だから、ちょっと左めに打ってください」ぐらいのことは、キャディーさんが言ってくれるかもしれません。

しかし、まずは自分がそういう意思を持たなければ、アドバイスのしようもないというようなところはあります。

そういうことがあるので、やはり、「総合力」は背景に持っていなければいけないし、それが信用のもとになるということです。これは知っておいてほしいところです。

4　学歴があっても「仕事の基礎力《きそりょく》」が必要

受験勉強で正確な頭脳をつくることは、速くて正確な仕事につながる

先般《せんぱん》、幸福の科学学園でも話はしたのですが、「受験勉強はあまり役に立たず、社会に出ても役に立たないことは多いけれども、少なくとも『正確な頭脳をつくる訓練』ということには役に立ちます。できるだけ正しい答えを導いていくというか、速く正確に仕事をする練習にはなります」と述べました。

受験勉強みたいなものがキチッとできて、時間内に解き終わって、正解率が高いというような人は、事務仕事をやらせても正解率が高いというか、ある程度できることは読めるのです。だから、だいたいそういう人を採っておけば、七、八

●幸福の科学学園でも……　2020年6月14日、幸福の科学学園那須《なす》本校にて、説法「勝利するまで粘り抜け」が行われた。

割は間違《まちが》いないということになります。事務が多い仕事は、一般的にはそうです。一般職的にはそうなります。

例えば、「経営者的才能はあるのだけど」と言われても、ミスが多い人、要するに、経営的な判断をする前の事務的な仕事で、ミスがあまり多すぎるような人の場合は、たまたま役員の身内とか、何か社長と関係のある人だということで早く偉《えら》くなったとか、よそから天下《あまくだ》って入ったとか、いろいろ理由があって偉くなっていても、実際に基礎《きそ》の部分がなくてその仕事ができないと、やはり、経営的な判断をしているつもりでいても、みなが心から心服《しんぷく》するということはないでしょう。

「実務の詰《つ》め」ができないと、言っていることが空理空論《くうりくうろん》になる

私が商社にいたときも、具体的に名前を出していいかどうかは知りませんけれ

ども、入ったときの社長は東大の経済学部卒で、経済学部で後輩《こうはい》に当たる人を日銀から呼んで仕事をさせたら、意外にできて、副社長までして、「社長にならないか」と打診《だしん》までされた人がいました。しかし、その人は、「私は商売が分からない。貿易の商売が分からないから、商社の社長は無理です」と言って、副社長のあと、会長か何かに上がって、実際に社長をしなかったのです。

それで、後輩を呼ぶことにして、日銀の貯蓄《ちょちく》推進局長とかいうのをやったことがある人が来たことがあります。長くはいなかったのですが、ベテランの女性などがその人の言っていることを聞いて、「大丈夫《だいじょうぶ》かしら」と言っているのを聞いたことがあります。

大所高所《たいしょこうしょ》からものを見る訓練はついていた方なのだろうと思いますが、一般の市中銀行等をまとめて、上から統計的にものを言って指導したりはしていたのだと思うのです。

商社は、短期で一年で転がして借りているお金と、長期で借りているお金、例えば、五年とか七年とかの長期で借りているお金があって、それを組み合わせて借入《しゃくにゅう》しています。その貯蓄推進局長をやっていた方が、「どうしてこんな短期をいっぱい借りるんだろう？　長期にしたら安定するのに。長期の借金ばかりにすれば安定するのに、どうしてこんな短期をいっぱい借りるんだろう」とか言っているのを女性のほうが聞いて、下のほうはみな〝ずっこける〟というようなことがありました。

短期金利というのは安いわけです。当時で言えば、表面レートが五パーセントぐらいだったとすれば、長期金利になっていくと、七パーセントとか八パーセント、九パーセントとか、そのように高くなっています。長期金利だけにしたら、五年間安定して借りられるといっても、金利が高いわけですから、利子を払《はら》わなければいけません。

貯蓄を推進する立場から見れば、どうでもいいことかもしれないのですが、会社としては、利子を払わなければいけません。商売の口銭《こうせん》という取引の手数料で、口銭率は普通《ふつう》三パーセントぐらいあり、一億円ぐらい取り扱《あつか》って三百万円ぐらいが普通なのですが、だんだん圧迫《あっぱく》されてきていました。

例えば、メーカーなども、独自で「輸出」とか「輸入」とかをし始めて、商社を外して直接やり始めますし、競争も多いからだんだん三パーセントが一・五パーセントぐらいまで縮めてこられるような感じに、いつも圧力がかかっていました。

そうすると、その口銭、要するに「営業のほうで得られる手数料」は、銀行に払う利子よりは高くないといけないのですが、そちらのほうが儲《もう》からないと、利益はゼロです。会社の利益がマイナスになってしまいますから、口銭率に引き合うぐらいの借入金《かりいれきん》でなければいけないわけです。

そのため、外部から借りたお金の利子に、幾《いく》らかの社内レート、一パーセントぐらいを乗せて、財務本部が営業部のほうにお金を貸しているような状態で、何かの案件で商売が来たら、それに紐付《ひもつ》きでお金を貸しているようなかたちで、内部で利益が落ちるように、ちゃんと考えてやっているものです。

下から上がってきた人の場合は、仕事をよく知っていると思いますが、横から来た場合と、上から降りてきたような場合だと、仕事の実務のところの詰《つ》めができないために、言っていることが空理空論《くうりくうろん》になることは、誰《だれ》でも起きることです。

「仕事の組み立て」を知っていることの大事さ

ですから、財務省の官僚《かんりょう》等でも、国の予算だけをいじっていたら、当然のことをやっていると思うかもしれないけれども、「小さなお店の経営をやれ」と言われてやってみたら、たぶん、それさえできない人はいっぱいいるのではないかと思います。

少なくとも、国のGDPが五百兆円ぐらいで、これに一千二百兆円を超《こ》える借金があるということはどういうことか。会社で、会社の売上が幾らでもいいのですけれども、売上五十億円の会社が、例えば、百二十億円の借金を背負っているというのはどういうことかといえば、どう考えても、これは倒産《とうさん》以外にありえないのです。これは返せません。絶対に返せないのです。

返せる範囲《はんい》というのは、だいたい三割ぐらいです。売上五十億円の会社でしたら、十五億円ぐらいまでの借金なら何とか返せる可能性はありますが、これが百億円を超えたりしたら、もう倒産以外にないのです。

あとは本当に、競馬《けいば》・競輪で大穴でも当て続けるか、〝徳政令〟が出るか、向こうが債権放棄《さいけんほうき》してくれるなり、銀行が特別な何かで、〝ゆるゆる〟で資金をいっぱい貸し込《こ》んでくれるなり、そういうチャンスでもあれば可能性はありますが、一般的には限界というのがあって、それ以上はありえないのです。こういうところを、やはり知らなければいけないのです。だから、「仕事の組み立て」をしっかりと知っているということが、大事なことです。

気をつけなければいけないのは、特に高学歴の方々です。高学歴の方々は、幅広《はばひろ》い大量の資料とかを短時間で読んで、だいたい概観《がいかん》をつかんだりするようなことは、けっこう長《た》けているのです。そういうことは、けっこううまいことはうまいのですが、細《こま》かい仕事を緻密《ちみつ》にチョコチョコやっていくようなことは、退屈《たいくつ》であまり好きではない人が多いのです。

ですから、そういうのは人に任せてしまって、自分はしないという人は多いですし、役所などでも、資格で差があって、同じ仕事をずっと専門職でやっていたらベテランになるので、その数字を信用してやっているだけということもあるのです。

銀行等でも、支店長などは三年ぐらいでよく交代になるのですが、長くその支店に勤めている人のほうがよく知っているのは、当たり前のことです。十年も二十年もやっている人はよく知っているけれども、来たばかりの支店長はよく分かりません。ちょっと慣れてきたかと思ったら交代になるから、「二十年も勤めた女子社員のような方が、実はお金を十億円以上も帳簿《ちょうぼ》からごまかして、愛人に貢《みつ》いでいた」といった事件が出てきて〝びっくり〟するような感じのことが起きたりします。

要は、そこの帳簿がどうなっているかはよく分からないので座《すわ》っているだけで、地元の名士に挨拶《あいさつ》したり、そんなことばかりして終わっていることがあります。

支店長が長くいない理由は、腐《くさ》れ縁《えん》がいっぱいついてしまったり、変なところとコネがついてしまったりして、貸し込んでしまうことがあるため、不正をされないように入れ替《か》えるのです。支店長を入れ替えると、何か不正がないかどうかを調べやすいので、検査部が入ってきて検査をするのです。

そういう実務のところで正確度が低かったりすると、少し全体がつかめないことが多いのです。

学歴が高くても、狭《せま》い専門に入り込み、腕《うで》の悪い人もいる

それから、そういう学歴の高いような方は、大所高所から見るのが基本的には向いてはいるのですが、そうならない方もいます。むしろ頭が小さくなって、狭《せま》い狭い狭いところの専門に入って、「これについてはものすごくよく知っているけど、それ以外については知らない」といった感じでしょうか。

医者などでも、専門をそれぞれ持っています。心臓だとか、脳だとか、肺だとか、胃だとか、いろいろな専門はあるけれども、医師の国家試験を通るためには、

医学の全般について、確か八十点ぐらいだったかと思いますが、八十点以上は取れないと受かりません。

それはそうです。「私は、肛門科《こうもん》専門ですので、ほかのことは分かりません」と言われても、必要な知識は病院の大きさによって違います。大きな病院なら、それ専門でいいかもしれないけれども、「Dr.《ドクター》コトー」のように小さい所に行ったら、もう何でもかんでも来ますから、知らないというわけにはいかないところもあります。

医者には勉強できる人ばかりが採られるから、「あれはよくない」、「もうちょっと、適性というのがあるだろう」という考えもあるのですが、医学部は百人ぐらいしか採らないから、どこも難しいのです。

しかし、医者としての適性というものはあるかもしれません。例えば、外科《げか》とかをするなら、それは、寿司《すし》屋並みの腕《うで》があったほうがいいことはいいです。

〝寿司屋並みの包丁《ほうちょう》さばき〟と、あとは〝仕立て屋並みの針さばき〟ぐらいは持っていてくれたら、それに越《こ》したことはないけれども、長く勉強した人は、そういうのはあまり得意ではないことのほうが、比較《ひかく》的多いのです。

基礎力《きそりょく》を甘《あま》く見ると足をすくわれる

では、受験勉強だけできた人は駄目《だめ》なのかといっても、やはり、いわゆる学力偏差値《へんさち》の低い学校の医学部から医者になった人は、怖《こわ》いことはあるという話を、私もいっぱい読んだことがあります。

目茶苦茶《めちゃくちゃ》な病名を付けられて、病院を三つ回ったら三つとも違う病名を言われたりしたら、患者《かんじゃ》のほうの信用を完全になくしてしまいます。

医者同士で「これはまずい」ということで、「前の病院でこう判断されました」と言われたら、「この症状《しょうじょう》から言ったら、そういう可能性はもっともではあるが、当院では、検査の結果、こういうのが出てきたので、これを考えると、やっぱり、こちらの病名のほうがよりベターなのではないか」という感じで、うまくフォローしてやっています。そうしないと、誤診したのがすぐ分かるので、医者同士もやっていられないということで、そのように、ちょっとかばい合うようには努力しているらしいのです。

やはり、百点満点のテストで、例えばセンター試験のようなもので、五十点や六十点しか取れなかったような人が、医師の国家試験でも似たような努力をして、集中講義を受けて何とか突破《とっぱ》したといっても、すぐにまた忘れてしまって、「あれ？　何とか病のときは、どんな症状だったかなあ？　症状が三つぐらいあったけど、どんな症状か忘れてしまったわあ」というような感じだと、診断できないわけです。

こういう記憶力《きおくりょく》の悪い医者というのも、これまた恐《おそ》るべしだと思います。それは気をつけたほうがいいので、基礎力《きそりょく》のところは、やはり大事にしなければいけません。それを甘《あま》く見る人とか、「これは下の者にやらせればいい」とか思っているような人は、やはり、足をすくわれることにはなると思います。

自分の上も下も両方を見ながら、仕事を正確にできるようにする

したがって、とても難しいのですが、新しい仕事に就《つ》いたりしたようなときには、半年以内に「できない」と判定されると、あと、極《きわ》めて不利になってくることは多いのですが、その半年ぐらいの間に、「自分の下の人たちがやっている仕事は、どういうことなのか」ということを、できるだけ知らないといけません。

剣道《けんどう》では見取り稽古《げいこ》といって、実際にやらなくても、人がやっているのを見て勉強するところがあるのですが、ほかの人がやっている仕事を見ながら、「こういうことをやっているんだな」ということを知らなければいけないし、上の人が

やっている仕事も、「どんなことをやっているのかなあ」と見て、知らなければいけません。

上も下も両方を見ながら、自分が与《あた》えられた仕事について、やはり、きっちりと正確にできるようにしていかなければいけないのです。

こういう気持ちは持っていなければいけないと思います。

5　相手の立場に立つことで信用を勝ち取る

経営理念を共有し、お客様を不愉快《ふゆかい》にさせない

特に困るのは、職人肌《はだ》の人でも、お互《たが》いに部が違《ちが》うといがみ合ったりして、会社の体《てい》をなしていないような場合です。

外の会社から、電話をかけてきたり、ものを頼《たの》みにきたりしたら、部と部がいがみ合っているために、競争して教えなかったり、「私の仕事じゃありませんので」と、あっさり断ってしまうようなこともあったりして、統一性がないと困ります。

だから、あるところに所属してはいるけれども、全体についても、できるだけ

意識を持たなければいけなくて、「当社はいったい何をやっているところなのか」ということを、やはり知っていなければいけないでしょう。

「自分の仕事は皿洗いです」とか、「自分の仕事は、淹《い》れられたコーヒーを持っていく仕事です」とか、「自分の仕事は調理場の大掃除《おおそうじ》をする仕事です」とか、バラバラの仕事はあるかとは思います。

しかし、トータルとしては、例えば、ファミレスの経営をやっている場合、「当社はほかのところとは違って、こういうところに力を入れてやっているのです」「家族の方々にくつろぎの空間を提供して、家族の仲が良くなるような、そういう楽しい憩《いこ》いの場をつくりたい」というファミレスとしての経営理念があってやっているというなら、いろいろな部署で仕事はしているとは思うけれども、全体では、そういう考えを一体として持っていなければいけないのです。

これが「経営理念」というものの力です。

そういう経営理念というのを持っていたら、例えば、二号店、三号店とかをオープンしていっても、一定の技術レベルがある人たちを集めて、経営理念を共有できれば、暖簾《のれん》分けができていきますが、経営理念が共有できなかったら、暖簾分けができないことになってしまうわけです。

同じ系列の店で、自分と違うほかのところの店で、非常に不愉快《ふゆかい》な思いをした人とかが出たら、もう来てくれなくなるわけです。自分たちの責任ではないのに、例えば、隣《となり》の町に出したチェーン店で、焼きすぎのハンバーグを出したとかいうようなことで、それに文句《もんく》をつけたら、「チェッ」とか言って怒《おこ》られて、「ほかの店に行けばいいでしょう」というような感じで応対されたりしたら、「こんな店二度と来るものか」と思うから、ほかの店にも来なくなったりします。

相手を考えて商品を提供すると、信用されてリピート客が増える

あるいは、「誠実でない」ということもあります。

ものを買っていただくときに、繰《く》り返し買っていただくリピート客をつくるのは、商売の鉄則です。リピート客がついて、さらに新規の客がちょっとずつちょっとずつ増えていくことで、売上は大きくなっていきます。

リピートがなくて、いつも新規というのであれば、これはなかなか安定しません。どんな商売をやっても安定しないので、リピート客がいて、新規の良質の客が増えていくことが大事なのです。

一方で、売るほうの側としては、普通《ふつう》はとにかく、売上のノルマを持っています。

デパートにいても、この面積に一日これだけかかるということがあるので、個

人個人に、売り子の新人風のお姉さんあたりにも、「あなたのノルマは幾《いく》ら」と、割り当てはけっこう来ているわけです。

「一日でこれだけ、一時間でこれだけの売上」というのは来ていますが、お客さんは勝手に入ってきたり来なかったり、買ったり買わなかったりするから、難しいのです。

ただ、もう客と見たらすぐ買わせるというように、「ピラニア商法」で、とにかく食いついたら売りつけるというのをやっていると、今度はリピートが減ってきます。最初は、剛腕《ごうわん》でやっているように見えても、リピートは減ってきますから、やっぱり駄目《だめ》になります。

長く続くところは、やはり相手のことを考えて提供する人のほうです。だから、服を売るにしても、どの服が売れても金額さえあれば、経済学的には一緒《いっしょ》と言えば一緒です。ただ、「その相手に似合うかどうか」「似合う服かどうか」ということを考えて、「これはお客様には似合いません。こちらのほうがお勧《すす》めです」と言えるかです。もし値段の安いほうの服であったとしても、高いのを売りたいけれども、「色合いとか柄《がら》とかを見れば、このお客様にはこちらのほうがふさわしい」と思ったら、「あなたには、こちらのほうが似合うと思う」とちゃんとお伝えして、それが本当に合っていたら、やはり顧客《こきゃく》ロイヤリティーというのが生まれてくるわけです。お客さんのほうが信用してくれるようになってくるわけなのです。

こういうことは、私は非常に大事なことなのではないかと思います。

相手からどのくらい信用されているかを知ることも大事

だから、ビジネスの世界で生き残るにしても、ビジネスの外側の、ビジネスマンの持っている家庭の世界に生きているにしても、いろいろな意味で、この人に対する信用はどういうものか、いろいろな人から「信用付け」をされていて、そのトータルで「タグ付け」されていきますので、それについての判断は、極《きわ》めて大事です。自分がどのくらいの信用があるかを知っているということは、大事なことです。

あまりふさわしい例ではないかもしれませんが、私が変装して変な格好して歩いていたら、「どこのフリーターかな」と思われるようなこともあるので、信用してくれないこともあるかもしれないですが、例えば、幸福の科学の総裁だということが分かっているということでしたら、私が「これは頂きますから、届けてください」というような言葉を言えば、ある程度の金額のものでも、ちゃんと向こうはその言葉だけで信用して行動はします。細《こま》かい書類とか、あるいは「現金を出してから」とか言わなくても、ちゃんとしてくれるようにはなります。

これは、相手に対して、「この人はどの程度ぐらいまで信用していいか」というものがあるわけです。あまり細かく言いすぎたら、今度は失礼に当たるというようなこともあるので、「あとから秘書がこれを取りに来ますから」とか、そんな話をしても、向こうが信じてやってくれる。そういった信用の範囲《はんい》は、いちおうあることはあります。

そのようなことがあるのです。

他人《ひと》の仕事の見落としや間違《まちが》いをフォローする

もう少しプリミティブなところとしては、まず、「計算が合う」、あるいは、「締《し》め切りがあるものを、締め切りに必ず間に合わせる」、あるいは、よくできる人になれば、「他人《ひと》が見落としたり、間違《まちが》っているところまで、ちゃんとフォローする」とかがあり、けっこう難しいのです。他人《たにん》の仕事まで口を出すのは、越《えっ》権《けん》すると怒られたりすることはあるので、本当に、言っていいのか悪いのか分からないこともあります。

例えば、会社時代、部長が本部へ書いている稟議書《りんぎしょ》に、漢字の間違いなど誤字があるのを見つけて、「この漢字は間違っているなあ」と思うときに、上司の漢字が間違っているのを言っていいのか悪いのか、けっこう悩《なや》むことがありました。その上司が恥《はじ》をかくかどうか、あるいは言ったら怒るようなタイプか怒らないかといった、微妙《びみょう》な駆《か》け引きをやるのです。それは一概《いちがい》には言えないのですが、普段の付き合いの関係もあるとは思います。そのようなことも、ときどきあります。

私がニューヨークに行ったときも、前任者の引き継《つ》ぎ書を見たら、一年間仕事をやっていたのに、「この英語は間違っているじゃないか。これで一年間、書類をつくっていたのか」というのは、やはりあります。

こういうことを、あまり差別的に言ったらいけないのでしょうが、例えば、人を車で拾うような場合にも、「ピックアップ」とよく言いますが、書類でも、「ピックアップしてくれ」というのは、英語で書くときは「pick《ピック》 it《イット》 up《アップ》」と、「it」が〝なかに入る〟わけです。ところが、その人は、見ると「pick up it」と、いつも書いているので、「この程度の文法を知らないで、やっていたのかな。東京では有名な私立大学なのに、学力はこんなものかな」と、思ったりしたことはあります。

そういう細かいところでミスをしても、向こうもいちいち間違っていると指摘《してき》してくれる場合もありますが、指摘してくれない場合もあり、一年間、恥をかき通しているということもあるので、細かいところは、やはり、きちんとしたほうがいいです。

私が行ってからは、「誤字脱字《ごじだつじ》がまったくなくなった」ようなことを、ずいぶん言われたことはあります。上の人になったら、やはり、下の人が書いてくるものがよく間違ったりすることに気がつくのですが、私が書類を書いて上げたら、急に誤字脱字がなくなったようなのです。

今はもう少し、あまりものを書かなくなったので、よく漢字を忘れて間違うことが多くなってきているのですが、私のように手書きをしない人は、もっと漢字を忘れているだろうとは思います。こういうことも信用をなくす一つですから、気をつけないと「ええっ？」と疑われることはあります。「この言葉を知らない」というので、「ええっ？」と言われることもあります。

逆に言えば、今度は、反対に上司のほうが「その言葉を知らない」というような言葉もあったりします。

例えば、私が書いた小論文のようなもので、「こういう視座《しざ》から見れば、こういうことが言える」というような、「視《み》る」という視点の「視《し》」に、「座《ざ》」という「座《すわ》る」という字で、「視座」という言葉を使って論文を書いたら、「広辞苑《こうじえん》まで調べたけど、こんな言葉は載《の》っていないから、これは、おまえの間違いだろう。

直せ！」と、上が言ってきたりします。すると、やはり「ああ、総合雑誌とか読んでいないいんだなあ、この人は」と分かります。

総合雑誌を読んだら、「視座」なんていう言葉は、いっぱい載っていて、使っている言葉ではあるのですが、部長でも知らなくて、「大辞典引いたけど、載ってないぞ。おまえ、これ間違いだろうが」と言っているので、これだと本当に困ります。上のほうから「知らない言葉を使っている」と言われたので、直したか直さなかったか、私は忘れましたが、こういうところでは、いろいろと問題が起きるときはあります。

6　礼節を守り、好き嫌《きら》いをなくす努力が「徳」を生む

好き嫌いで仕事をせず、公私の考え方を入れる

あとは、会社のなかや外でもそうですが、「親しき仲にも礼儀《れいぎ》あり」という言葉がありますが、「一定の礼節は守る」ことは、とても大事なことだろうというように思います。

大雨注意報でも、警戒《けいかい》レベルが、いろいろ一、二、三、四、五とあって、洪水《こうずい》の恐《おそ》れとか、そのようなものでもありますように、やはり、人との付き合いでも、お互《たが》いの信用できるレベルがあります。どの程度ぐらいまで話していいか、信じていいか、あるいは、何と言うか、からかって言ったりしても大丈夫《だいじょうぶ》かどうかな

いと思います。

ど、レベルがあるので、このあたりは、分《ぶん》をわきまえて知っておいたほうがいいと思います。

あまり「好き嫌《きら》いの激しいようなタイプ」の人というのは、組織が動かせないので、やはり、これは努力して性格を矯正《きょうせい》しなければいけないと思います。

宗教的に聞こえるかもしれませんが、宗教ではなくても、一般《いっぱん》の会社でもそうなのです。同じ職場の人たちに対しては、別に、極端《きょくたん》にすぐに恋愛《れんあい》感情に入るような結びつきを求めているわけではありませんが、幅広《はばひろ》く、広く浅く多くの人に、できるだけ好感を持って、好意を持って接するような努力は、人間としての努力としてやらなければならないことなのです。

同じ会社で、同じような職場で働いている以上、力を合わせてやれば、いい仕事はできますが、いがみ合っていたり、敵対し合っていたら、うまくいかないのは決まっていることなので、努力して、できるだけ多くの人を、広く浅く、良好な関係を維持《いじ》できるように愛するということをしたほうがいいと思います。

長く付き合っているうちに、そのなかでも少しずつ、特にもう一段、懇意《こんい》にする人や、当てにする人が出てくるのは当然ですが、その場合も、単なる自分自身の好き嫌いとか偏向《へんこう》で、その人を有利に扱《あつか》いすぎていて、会社にはダメージを与《あた》えているとか、部や課にはダメージを与えているとかいうようなことになってはいけません。

このあたりについては、公私のところの考え方を入れて、「自分はこの人を、ひいきにしてよく使ってはいるけれども、客観的に、うちの課とか部、あるいは本部にとって、この人を使ったほうが全体的にはプラスになっているから、これでいい」というように考えるか、「自分が単純に、この人のほうが好きだから使っているのだ」というような感じでいくか、このあたりの違《ちが》いはあると思います。

これは、一種の「徳」の発生する部分ではあるので、こういうところで、いつまでたっても好き嫌いがいっぱい出て、縁故《えんこ》引きというか、えこひいきばかりしていたら、みんなの心が離《はな》れていきます。その人を強く引いて、使ってもいいのですが、やはりそれだけの実績なり、納得《なっとく》する成果なりをあげなければ、それは間違いということになりますから、その間違いに対しては、気がつかなければいけないと思います。

だから、好き嫌いだけで仕事をしてはいけないものだということです。

取引では、外部の人との距離《きょり》を上手に取る

それから、外部の人との取引でも、良好に取引が結べたり、進行する場合もあれば、断らなければいけないところもあります。より密接に取引するようになる場合もあれば、取引を中止したり、断ったりしなければいけない場合もあります。

こういうときに、どのように接して、どのような言葉で、会社の信用を保ちつ

つ手を切るか、あるいは、もう一段踏《ふ》み込《こ》むかといったことを、やはり、常に見られているのだと思ってほしいと思うのです。

末端の人がやっている仕事は分からないから、どこでいっぱい敵をつくったりしているかが分かりません。

また、会社で、アフターファイブで飲み会をやっていても、会社の悪口を居酒屋で話していたら、それは取引関係者やいろいろな人が聞いていることがあるので、そういうときには、やはり気をつけないと、信用が崩《くず》れていくことがあるのです。

私が聞いたのでも、次のような話がありました。

当会で映画を撮《と》っても、ときどき、監督《かんとく》が替《か》わったり、撮影《さつえい》のチームが替わったりしますが、そのなかで、外部から雇《やと》っている役者さんが、あるスポーツセンターのジムのようなところのサウナに入って、話しているときに、当会の映画を撮ったあとですけれども、「あの映画を撮っているときは、何か、誰《だれ》が監督か分からなかったよ」「監督が二人いるみたいで、何だか誰の意見を聞いたらいいか分からなかったよ」といったことを、サウナのなかでこぼして言っているようでした。それが回り回って私の耳に入ってきたりすることがありました。それは怖《こわ》いもので、実際にそのとおりだったのです。

新しい監督を使ったところ、新しい監督が遠慮《えんりょ》しているので、監督ではない内部の、本当は事務方のほうの人が、〝監督まがい〟にいろいろな意見を言って、映画をいじってやらせていたりして、現場でトラブルが発生していたのですが、役者のほうはそれを敏感《びんかん》に感じ取っています。

「いったいどっちが監督なんだ。誰の言葉を聞けばいいんだ」と、本当に思っていることが、サウナで話している話から、伝わって聞こえてくるというようなこともあったりします。外から漏《も》れてくることにも、そういうことがあるので、使う言葉は気をつけないといけないと思います。

「私事《しじ》」にうつつを抜《ぬ》かすように見えると、周《まわ》りの士気が下がる

信用の問題は、あらゆる面に通用するのですが、男女の関係においても、これは難しいことがあるのです。

人間にも動物性があるから一定以上、制御《せいぎょ》できない部分はあることはそのとおりだし、その程度のワイルドさを残しておかないと、人類はとっくに滅《ほろ》びてしまっているかもしれません。お釈迦《しゃか》様の言葉だけを信じていたら、人類は滅亡《めつぼう》していた可能性はあって、〝ハルマゲドン〟かもしれないところもあるのですが、適度に守らない人がいるから、繁栄《はんえい》している部分もあることは事実ではあります。

ただ、「親しき仲にも礼儀あり」ではありませんが、男女の関係でも、やはり、一定の、先ほど述べたようなレベルはあるかなと思います。広く、浅く、仲良く

しているレベルから、もうちょっと親密になるレベル。それから、結婚《けっこん》の対象者として見るレベルとか、あるいは、もっと行って、ステディ（恋人《こいびと》）になるレベルとか、レベルはあると思います。ただ、その人の職場での空気、気風もあるし、それから、会社の仕事を見ていて、仕事の流れを見て、「今は、そういう時期としてよろしいのか、よろしくないのか」といった、いろいろな考え方もあろうと思うのです。

例えば、みんながとても忙《いそが》しくしているようなときに、私事《しじ》にうつつを抜《ぬ》かしているような感じで見えたら、それは士気が下がるだろうなと思うようなこともあります。そのあたりも、全体を見ておく必要があります。

7 「キャパオーバー」で信用を失わない心掛《こころが》け

大きなプレッシャーで、女性や奇行《きこう》に走る人がいる

人によっては、キャパシティー（能力）があるので、「キャパ超《ご》え」した場合に、やはり、少しおかしくなる面は出てきます。

こういう言い方は失礼に当たるかもしれませんが、「キャパ超え」したら、女に走るというような感じでしょうか。大きな案件があって、これを何とかして来月末までにはやり遂《と》げなければいけないようになってきたら、もう逃《に》げ出したくなってくるような気分になることもあります。そんなときに、女性とは限らないけれども、私生活でいろいろと乱れ始めたりすることはあります。

それは、高校生が期末テストの前になったら、推理小説を読みたくなったり、やたら友達とつるんで遊びに行きたくなったりするような気持ちと同じようなものので、プレッシャーに耐《た》えかねて、変なことや奇行《きこう》に走るパターンがあります。

だから、もし自分の過去を振《ふ》り返って、大きなプレッシャーがかかってくるときに、そこから逃げ出すような変な行動を取っているとか、そんなときに限って、いつも女性に突進《とっしん》しているとかいう傾向《けいこう》が、繰《く》り返し出てきているようでしたら、それは「キャパ超え」している証拠《しょうこ》ですので、やはり、男女の問題でも仕事のほうを押《お》さえなければ、先はうまくいきません。

仕事のほうで十分に力を発揮できて、余裕《よゆう》がある感じで、その余裕の部分で、少しずつ男女の付き合いなどを高めていく分にはよろしいかと思うのですが、仕事から逃げたくて、そちらのほうに走っていくとか、人によっては、麻薬《まやく》とか覚醒剤《かくせいざい》とか、そういうものに走っていくような人もいます。

そこまで行かない人は、先ほど言ったパチンコだとか、競馬《けいば》・競輪その他、いろいろなものに行く人もいると思います。

「キャパオーバー」にならないための対策

「これは、自分のキャパ超えでそういう奇行が起きているのだ」ということが分かったら、それを客観的に見て、「どういうふうにすれば、自分がキャパ超えにならないようにやれるか」ということを考えるべきです。

どうすべきかということは、いろいろなところで私は書いていますけれども、例えば、自分がもう一段昇進《しょうしん》したときに困らないように、常に、上の人の仕事の勉強をしていくということも、予習として大事なことです。

それから、ギリギリにならないとエンジンがかかってこないタイプの人もいます。本当に、締《し》め切りギリギリになって、「もう、輪転機を回すぞ」と言われるころになって、やっと書き始める作家とか、印刷所に行って書いている作家とか、いることはいるのですが、「そこまで追い込《こ》まれないかぎりは、どうしても鉛筆《えんぴつ》が動かない」とか、「ペンが動かない」という人も、いることはいます。

こういう人に対しては、計画的にやっていくような努力をするか、それをもう少し細分化していく努力をしていくことが大事です。

例えば、一日一枚書くという方法もあります。曽野綾子《そのあやこ》さんは、毎日一枚書いて、月三十枚の原稿《げんこう》が書けたら、プロなのだというようなことを言っていたと思います。

一日一枚、月三十枚書ければ、年に三百六十枚書ける。三百六十枚もあれば、ハードカバー一冊分ぐらいの本にはなりますので、このくらい書ければプロだというようなことを言っており、この一日一枚書く時間は、そんなにはかからないと思うのですが、なかなか気分が乗らないものです。

なかなか作家でも気分が乗らず、「ちょっと川辺で歩いてからにしようか」とか、「ちょっと酒を飲んで、友達と会ってからにしようか」とか、「何かインスピレーションが湧《わ》いてくるまで、気分が乗らないから、東京駅の近くの東京温泉に入ってくるか」とか、いろいろなことをして時間を潰《つぶ》してしまうわけです。

そして、だんだん追い詰《つ》められていって、どこかでねじり鉢巻《はちま》きをして、編集者につつき回られないとできないタイプの方はいます。

こういうことに対しては、私もよく言っており、これを言うとあまりありがたみがなくなるのですけれども、「やはり、習慣で仕事をしていくようにしなければ駄目《だめ》なのだ」ということを言っています。

私が出している本はすごく多いけれども、本が多いのは、大部分は「習慣の力」で働いているからです。習慣的に、働かないといられないようになっているから、その習慣をつけると、一定の速度で一定の量の本が出続けるわけです。

もちろん、そのために一定の速度と量で、ほかの本を読んだり、情報を入手したり、いろいろ考え事をしたりはしています。そのように、晴れようが、雨が降ろうが、曇《くも》ろうが、風が吹《ふ》こうが、関係なく、「習慣の力」で一定に仕事をしていく、そういう努力、そういう仕事術を身につけられなかった方は、締め切りに追われたり、「キャパオーバー」したりして、少し〝発狂《はっきょう》〟したようなことになったりすることがあります。だから、このあたりは大事です。

「習慣の力を借りなければいけない」ことと、やはり、「最初の一鍬《ひとくわ》がいちばん難しいのだ」ということです。例えば、畑を耕し始める際、最初の一鍬を入れたら、あとは、耕し続けることはそんなに難しいことではないけれども、最初の一鍬がとても難しいのです。

その「最初の一鍬」を、楽々とやれるような自分のマインドをつくっていくことが、とても大事だろうと思います。最初の一鍬ができなくて、みな、ウンウン言って、月末まで苦しんでいるのが、ほとんどの方であると思うのです。

そのように、仕事を楽にやっているように見えてきたら、それ以外のプラスアルファで、いろいろなこと、例えば、自分の趣味《しゅみ》に関することとか、不要不急《ふようふきゅう》のことではあるけれども、将来のためにやっておきたいこととか、そのようなこともできるようになってくるということです。客観的に自分を見つめつつ、そういうふうにやっていくことが大事だと思います。

あとは、にわか的に馬力をかけてやらねばならないような、すごく困難な仕事に当たることもありますけれども、そういうときには、やはり「信仰《しんこう》の力」というものが大事だと思います。

神に祈《いの》る前に、人間として当たり前のことを当たり前にやる

ただ、それほどでもない場合は、自分ができることは自分で着々とやっていく

という態度もまた、私は大事だと思うのです。神様の側から見れば、「この程度の、普通《ふつう》の人がみんなやっていることを、ちゃんと自分でやりなさいよ」ということは言いたいでしょう。

「私は、ご飯《はん》をつくるのは好きだけど、洗い物は嫌《きら》いなので」という女性も男性もたくさんいると思うのですが、一週間分も洗い物をしないで積み上げられているのを見たら、専門の業者が来ても「ウエッ」「これを片付けるのは大変だな」と思ってしまいます。

こういうものを「神様、お祈《いの》りしますから、どうか一週間分の食器洗いをお願いします」というような感じでお祈りされるようなことは多いのです。私には、そのようなものがよく聞こえてきます。「一週間分、あるいは一カ月分、お掃除《そうじ》してください」といった感じのものです。

例えば、そういうお祈りはとてもよく聞きますけれども、そこまで追い詰められて部屋のなかが臭《くさ》くて住めないとか、ハエが飛び回っているとかいうレベルまで来ているなら、「お祈りをしていないで、毎日毎日、ちゃんちゃんと片付けていってください。これは信仰のレベル以前の問題で、人間としての当たり前の生き方が、当たり前にできているかどうかでしょう。そこはキチッとやってください」「でも、自分の力を超えて、本当に難しい案件だったら、それはお祈りください」ということです。

そういうときには、力を貸しますけれども、天使が呼ばれて行ってみたら、「何だ、茶碗《ちゃわん》が洗っていないのが積み上がっているだけか」「これは、毎日やっていれば別に問題ないじゃないか」と思ってしまいます。

だから、そういうところで、他人《たにん》の力を借りすぎる方は、やはり、利己主義者、エゴイストに見えます。追い込まれて、「ヘルプ、ヘルプ」ということで神様の力を借りる、ほかの人の力を借りるということもあるでしょうけれども、いつもそういうふうになるようでしたら、それは、ちょっと生き方に問題があります。もう少し自分で問題を細分化して、片付けていく努力はしてください。

原稿用紙に毎日一枚書くだけでも、本は書けるのです。いきなり三百六十ページ、三百六十枚書こうとしたら大変です。でも、一枚ずつなら書けるのです。

「気持ちが起きてこない」「書く気持ちが起きてこない」というのであれば、一日のうちの「この時間帯になったら書きたくなる」というような習慣をつけてくださいということです。

「晩酌《ばんしゃく》をする習慣のある新聞記者で本を出した人はいない」という話は、マスコミ界では流布《るふ》しているけれども、それは、晩ご飯のあと晩酌をして、酒を飲んだら、普通は書けません。書けずに、酔《よ》っ払《ぱら》って眠《ねむ》くなってくるものです。そういう方は、せめて、早く寝《ね》たら朝型にして、朝起きて書くとか、何か習慣をつけないかぎりはできないでしょう。

このように、当たり前のことが当たり前にできることが、まず大事です。それから、人間関係等も、できるだけ公私の混同を避《さ》けて、公正な判断をしていくことが大事です。誰《だれ》が見ても、「それはそうだろうな」と思うような人間関係をつくって、仕事をするように努力し、「もう、どうしてもここは乾坤一擲《けんこんいってき》、天下の大一番」と思うようなときには、もちろん神様に祈って、「神仏よ、われを助けたまえ」と思ってやることも大事だとは思います。

人間としてこの世に生まれた以上、まずは赤ちゃんから成長していきます。神の力で、生まれてすぐに、東西南北・四方にわたって七歩歩いて、「天上天下唯我独尊《てんじょうてんげゆいがどくそん》」と言ったのは釈尊《しゃくそん》一人ですから、ほかにはそういう話は、一切《いっさい》、人類史のなかには出てきません。

釈尊にそれが本当にあったかどうかは別として、「そういうことがあってもおかしくないぐらいの人だ」と周りの人は思っていたということは、神話のなかには出ていますが、ほかの方は、「神に祈れば生まれてすぐに歩き出したりする」ことはありません。

やはり、歩くまでの間にハイハイの練習をしたり、立っちの練習をしたりして、歩けるようになって、言葉を少しずつ覚えて、当たり前の手順でみんな成長していくのです。

「人間としてこの世に生まれた以上、そういうものからは逃《のが》れられないのだ」

「やるべきことをやっていく人間に信用はついてきて、自分が思っていた以上の成果が常にあがるようになってきたら、あなたの信用は、今、グレードが上がっているのだ。信用が仕事をするようになるのだ」ということです。

「即断即決型《そくだんそっけつがた》」の仕事をして余裕《よゆう》をつくる

「仕事を頼《たの》むときには、暇《ひま》そうな人に仕事を頼まないほうがいい」とよく言われています。「忙《いそが》しい人に頼め」と言います。英語にも、同じようなことわざがあります。

「忙しい人に頼んだほうが、早く片付く」ということです。暇そうな人に頼んでもなかなかできないけれども、忙しい人に頼むと、あっという間に片付けてくれるということはあります。

自慢話《じまんばなし》になったら申し訳ないけれども、私も職場ではよく転勤で、転勤というか部署を変えて、いろいろな経験をさせられたほうなのですが、「いつも余裕《よゆう》があるように見える」と、長くそこでお仕事されている〝お姉さまがた〟からよく言われました。私がいると、「何か、仕事が減っていくような感じがする」というようなことをよく言われました。また、手が空《す》いてくるので、ほかの人の仕事の分も引き受けられるというようなところもあります。

人によって、「仕事は伸《の》び縮みする」のです。正確さを欠いて、難しい仕事を後回し後回しにして溜《た》めていて、何か難しい仕事をやっているところにほかの仕事が入ってくると、もうできなくなります。同時に二つ、三つ入ってくると、処理できなくなるのです。そうすると、パニックになってきて、失敗に失敗が続いて、全部修正しているうちにまた次が入ってきてということで、仕事が増えるのです。

だから、瞬間《しゅんかん》瞬間、その場その場で、一個一個片付けていく癖《くせ》をつけていると、仕事は速くなるし、できるだけ「即断即決型《そくだんそっけつ》」にして、できるものについてはそのようにしていけば、手が空いているように見えてくるので、新規のものが入ってきても、それができるようになるということです。

それから、仕事に取りかかるためのアクセスタイムが短くなってくるということも、大事なことです。

日ごろから、そういう心掛《こころが》けをしておいたほうがいいと思います。

8 「自分の信用」という観点から生き方を見直す

信用がない人は、基本的に他人《ひと》の手を煩《わずら》わせている

人生は信用で成り立っています。いろいろな反省の仕方もあるとは思うのですけれども、どうか、「自分の信用」という観点から、もう一度、生き方を見直してみるとよいのではないかと思います。得られるものはとても大きいと思います。

「信用がない」ということはどういうことかというと、基本的に、他人《ひと》の手を煩《わずら》わせているということです。信用がないということは、「自分でやって百点にはならないから、ほかの人がやってくれている」ということなのです。ほかの人の時間を奪《うば》ったり、ほかの人のエネルギーを奪ったり、ほかの人の脳の機能まで

奪ったりして、やっているわけです。

だから、自分自身の信用を高めていく努力をすることです。

それから、ほかの人に対しても、その人の信用が高まるように、善導できる人は善導していくことが大事であるということです。

報告・連絡《れんらく》・相談の習慣がある人は信用される

物事をキチッキチッと報告する習慣があるような人は、信用されます。「そろそろ、この報告が欲《ほ》しいな」と思っているときに、的確にその時期に、的確な表現の的確な長さで報告をキチッと入れてくれる人は、信用できるのです。

そういう報告がなくて、本当に何か困ってしまって、どうしたらいいか分からないようなときにだけ、ボワッと報告が来て、「ええっ？　こんな状態にもうなってしまっているのか」「もっと早く、どうして言ってくれないんだ」というようなことはよくあるのです。

蓋《ふた》をして、「自分の失敗を知られたくない」とか、「知られなければやれる」とかいうような、こういうのは、損失の〝飛ばし〟と一緒《いっしょ》です。「知られなければやっていける」と思って、伏《ふ》せて、隠《かく》して、ずっとやって、「自分がその職にいる間は知られないほうがいい」と思ってやっているものが、どこかでバーンッと噴《ふ》き出してきて、「こんな問題があったんだ」と、あとから知ったら大変なことになっている場合があります。

それは、借金が雪だるま式に増えているのと同じようなものです。例えば、「資金がショートする」「月末、今月で資金ショートして赤字になって、手形が落ちません」というようなこともあるけれども、早めに言ってくれていたら対策は立つものもあります。

実は三カ月ぐらい前に、「この手形が落ちないかもしれない」ということが分かっている場合、その前であれば、資金繰《ぐ》りのために、資金調達とかの努力はできます。けれども、「明日《あした》、実は資金ショートになります」と言われては、どの社長であってもみんなパニックになるのは当然のことです。パニックから首吊《くびつ》りまで行ってしまう可能性があるのです。

だから、重大な情報や、そういう致命《ちめい》的な結果になるような報告については、適時に、タイムリーに、ちゃんと上げていくことが大事ですし、いいことばかり報告していたら点数は上がると思って、「悪いことは全部隠して」というようなことをやっていても、やはり、どこかで破綻《はたん》が来ます。

「報《ほう》・連《れん》・相《そう》」とはよく言いますが、報告・連絡《れんらく》・相談というのは、仕事の基本です。若いうちはやっている場合もあるのですが、一定の役職をもらって、部長だとか局長だとか、役員だとかになってきたら、「偉《えら》くなったんだから、報告なんかしなくてもいいだろう」というような感じになる人がいるのですが、「甘《あま》い。甘いな」という感じです。

自分が報告しないと、これは、全社の動きのなかで、自分のところがどういう位置づけになっているか、上の人にその情報を与《あた》えていないのと一緒なのです。「ほかのところはこうなっているけど、ここだけこうなっているんだな」などと、どうやってバランスを取って、全体をうまく走らせるかを考える必要があります。

四頭立ての馬車をまっすぐ走らせないと、馬車は進まないのです。一頭だけ反対側に走っていたら、これはもう進まなくなります。この「一頭外れている」ということを、やはり知らなければいけないのです。

「信用、信用、また信用」の言葉を心のひだに深く刻め

そういう報告ができていないところは、やはり、仕事はうまく回っていませんし、組織が使えていないことが多いし、たいていの場合は、赤字か黒字かといえ

ば、赤字になっていています。調べてもらえたら、たいていそうなっています。赤字のところほど、報告しません。本当に簡単です。「報告しないな」と思ったら、そこは赤字です。たぶん赤字です。もっと〝ガサ入れ〟が入ったら大変なことになるから、できるだけ刺激《しげき》しないように、知られないようにしています。黒字のところは、報告をバンバンバンバンしてきます。いい報告など、いくらでも上がってきます。仕事がうまく回って悪い報告なんか上がってきません。報告が上がってこない部署というのは、基本的に、組織がうまく回っていないし、赤字セクションだろうと思って間違《まちが》いないのです。

だから、そこで責任ある立場にある人は、仕事の仕方をよく見直してください。上司など、上は、うまくいっていないことをバカにするために座《すわ》っているわけではなくて、もう一段高い見地から解決するために存在しているものだということを、知ってもらいたいと思います。

個人の問題から、経営問題まで含《ふく》めて、いろいろな話をいたしました。

「信用、信用、また信用」。

これは極《きわ》めて大事なことですので、どうか、心のひだに深く刻んでください。

あとがき

修行者は、うぬぼれたら、そこから脱落《だつらく》が始まる。他人《ひと》にほめられて、有頂天《うちょうてん》になったら、そこが地獄《じごく》の入口《いりぐち》である。

他人との競争心は、幼年期、少年期、青年期の苦しみである。しかし、いろんな分野で、自分より優《すぐ》れた人が存在すると認めることが、民主主義や寛容の精神の始まりである。

数多くの人々の人生を見てきて思うのは、「黄金期」を持っている人は、必ずその頃の自分に執着《しゅうちゃく》するということである。

日々に、未完成の自分と対峙《たいじ》し、昨日《きのう》より今日《きょう》、今日より明日《あす》こそ、もっと優れた〝何《なに》か〟を産《う》み出そうと努力することである。本多静六《ほんだせいろく》博士は、「努力即幸福《どりょくそくこうふく》」の境地に到った。そして成功という結果は、「残りカス」だと考えたという。これが生涯現役《しょうがいげんえき》の精神であり、人生を長く輝かせ続ける秘密でもあろう。

二〇二〇年　八月二十五日

幸福《こうふく》の科学《かがく》グループ創始者兼総裁《そうししゃけんそうさい》　大川隆法《おおかわりゅうほう》

『私の人生論』関連書籍

『感化力』（大川隆法 著　幸福の科学出版刊）
『凡事徹底と静寂の時間』（同右）
『凡事徹底と成功への道』（同右）
『凡事徹底と人生問題の克服』（同右）
『人の温もりの経済学』（同右）
『映画「夜明けを信じて。」が描く「救世主の目覚め」』（同右）

※左記は書店では取り扱っておりません。最寄りの精舎・支部・拠点までお問い合わせください。
『若き日のエル・カンターレ』（大川隆法 著　宗教法人幸福の科学刊）
『愛のあとさき』（同右）

私《わたし》の人生論《じんせいろん》──「平凡からの出発」の精神──

2020年9月9日　初版第1刷

著　者　　大《おお》川《かわ》隆《りゅう》法《ほう》

発行所　　幸福の科学出版株式会社

〒107-0052 東京都港区赤坂2丁目10番8号
TEL(03)5573-7700
https://www.irhpress.co.jp/

印刷・製本　株式会社 堀内印刷所

落丁・乱丁本はおとりかえいたします

ISBN978-4-8233-0213-8 C0030

大川隆法ベストセラーズ・大川隆法の実像に迫る

大川隆法 思想の源流

ハンナ・アレントと「自由の創設」

ハンナ・アレントが提唱した「自由の創設」とは？「大川隆法の政治哲学の源流」が、ここに明かされる。著者が東京大学在学時に執筆した論文を特別収録。

1,800円

新復活

医学の「常識」を超えた奇跡の力

最先端医療の医師たちを驚愕させた奇跡の実話。医学的には死んでいる状態から"復活"を遂げた、著者の「心の力」の秘密が明かされる。

1,600円

宗教者の条件

「真実」と「誠」を求めつづける生き方

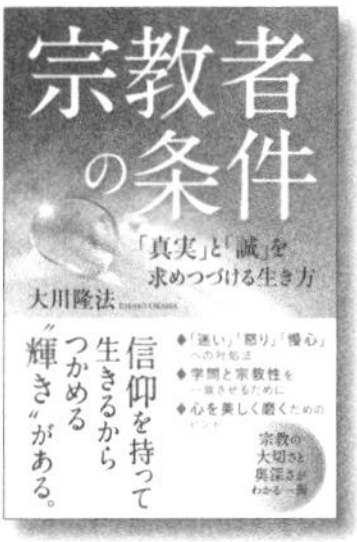

宗教者にとっての成功とは何か――。「心の清らかさ」や「学徳」、「慢心から身を護る術」など、形骸化した宗教界に生命を与える、宗教者必見の一冊。

1,600円

娘から見た大川隆法

大川咲也加 著

幼いころの思い出、家族思いの父としての顔、大病からの復活、そして不惜身命の姿――。実の娘が28年間のエピソードと共に綴る、大川総裁の素顔。

1,400円

大川隆法「法シリーズ」・**最新刊**

鋼鉄の法

法シリーズ
第26作

人生をしなやかに、力強く生きる

自分を鍛え抜き、迷いなき心で、闇を打ち破れ──。
人生の苦難から日本と世界が直面する難題まで、さまざまな試練を乗り越えるための方法が語られる。

第１章　繁栄を招くための考え方
── マインドセット編

第２章　原因と結果の法則
── 相応の努力なくして成功なし

第３章　高貴なる義務を果たすために
── 価値を生んで他に貢献する「人」と「国」のつくり方

第４章　人生に自信を持て
──「心の王国」を築き、「世界の未来デザイン」を伝えよ

第５章　救世主の願い
──「世のために生き抜く」人生に目覚めるには

第６章　奇跡を起こす力
── 透明な心、愛の実践、祈りで未来を拓け

2,000円

幸福の科学の中心的な教え──「法シリーズ」

好評発売中！

幸福の科学出版

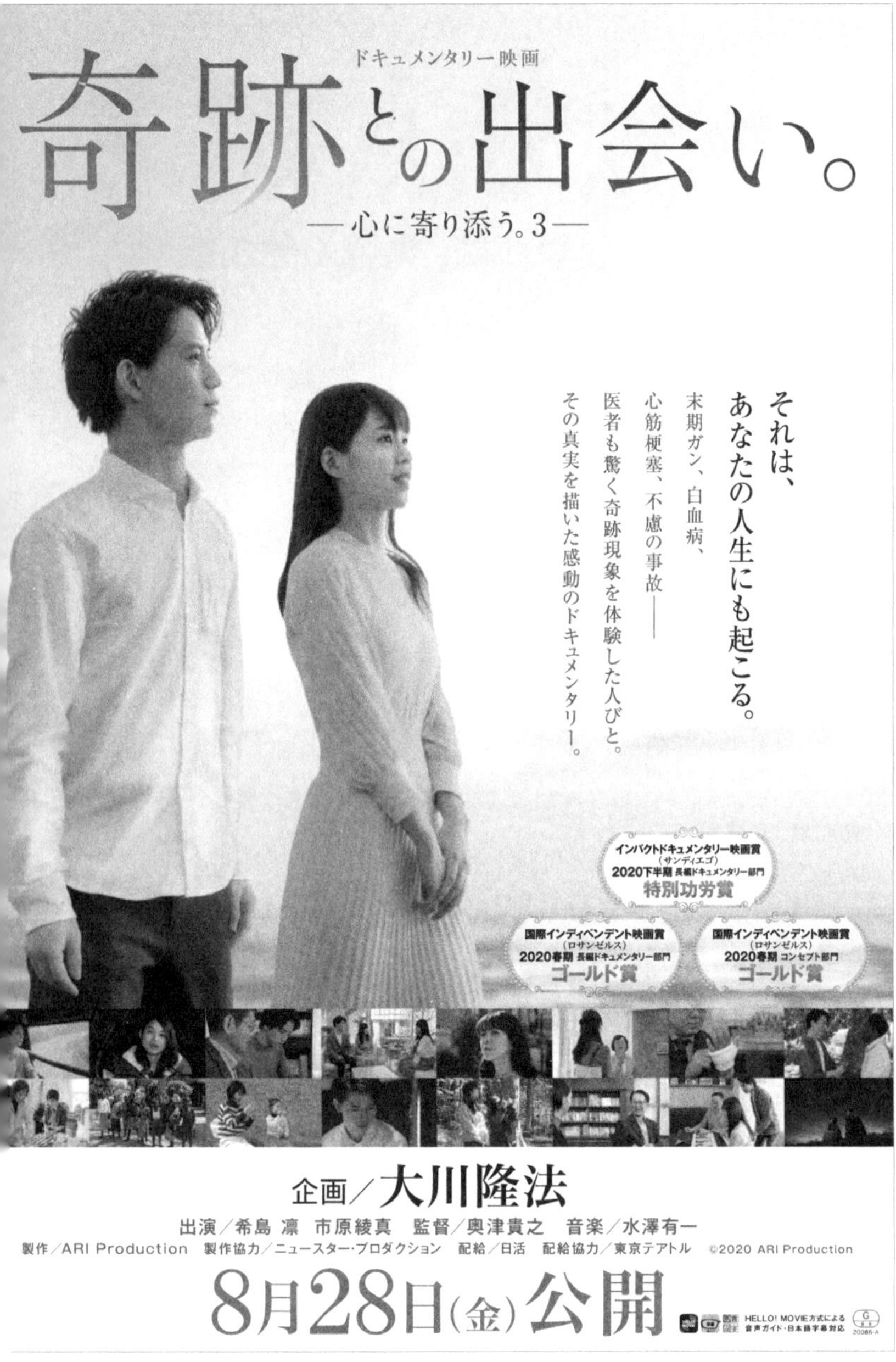

ドキュメンタリー映画
奇跡との出会い。
—心に寄り添う。3—
それは、
あなたの人生にも起こる。
末期ガン、白血病、
心筋梗塞、不慮の事故——
医者も驚く奇跡現象を体験した人びと。
その真実を描いた感動のドキュメンタリー。
インパクトドキュメンタリー映画賞（サンディエゴ）2020下半期 長編ドキュメンタリー部門 特別功労賞
国際インディペンデント映画賞（ロサンゼルス）2020春期 長編ドキュメンタリー部門 ゴールド賞
国際インディペンデント映画賞（ロサンゼルス）2020春期 コンセプト部門 ゴールド賞
企画／大川隆法
出演／希島 凛　市原綾真　監督／奥津貴之　音楽／水澤有一
製作／ARI Production　製作協力／ニュースター・プロダクション　配給／日活　配給協力／東京テアトル　©2020 ARI Production
8月28日(金)公開
HELLO! MOVIE方式による音声ガイド・日本語字幕対応

夜明けを信じて。
すべてを捨て、ただ一人往く。
製作総指揮・原作 大川隆法
10.16 Roadshow
田中宏明 千眼美子 長谷川奈央 並樹史朗 窪塚俊介 芳本美代子 芦川よしみ 石橋保
監督／赤羽博 音楽／水澤有一 脚本／大川咲也加 製作／幸福の科学出版 製作協力／ARI Production ニュースター・プロダクション
制作プロダクション／ジャンゴフィルム 配給／日活 配給協力／東京テアトル ©2020 IRH Press
https://yoake-shinjite.jp/

幸福の科学グループのご案内

宗教、教育、政治、出版などの活動を通じて、地球的ユートピアの実現を目指しています。

幸福の科学

一九八六年に立宗。信仰の対象は、地球系霊団の最高大霊、主エル・カンターレ。世界百十カ国以上の国々に信者を持ち、全人類救済という尊い使命のもと、信者は、「愛」と「悟り」と「ユートピア建設」の教えの実践、伝道に励んでいます。

（二〇二〇年八月現在）

愛

幸福の科学の「愛」とは、与える愛です。これは、仏教の慈悲《じひ》や布施《ふせ》の精神と同じことです。信者は、仏法真理をお伝えすることを通して、多くの方に幸福な人生を送っていただくための活動に励んでいます。

悟り

「悟り」とは、自らが仏の子であることを知るということです。教学《きょうがく》や精神統一によって心を磨き、智慧《ちえ》を得て悩みを解決すると共に、天使・菩薩《ぼさつ》の境地を目指し、より多くの人を救える力を身につけていきます。

ユートピア建設

私たち人間は、地上に理想世界を建設するという尊い使命を持って生まれてきています。社会の悪を押しとどめ、善を推し進めるために、信者はさまざまな活動に積極的に参加しています。

国内外の世界で貧困や災害、心の病で苦しんでいる人々に対しては、現地メンバーや支援団体と連携して、物心両面にわたり、あらゆる手段で手を差し伸べています。

年間約２万人の自殺者を減らすため、全国各地で街頭キャンペーンを展開しています。

公式サイト **www.withyou-hs.net**

自殺防止相談窓口

受付時間　火～土:10～18時（祝日を含む）

TEL **03-5573-7707** メール **withyou-hs@happy-science.org**

ヘレン・ケラーを理想として活動する、ハンディキャップを持つ方とボランティアの会です。視聴覚障害者、肢体不自由な方々に仏法真理を学んでいただくための、さまざまなサポートをしています。

公式サイト **www.helen-hs.net**

入会のご案内

幸福の科学では、大川隆法総裁が説く仏法真理《ぶっぽうしんり》をもとに、「どうすれば幸福になれるのか、また、他の人を幸福にできるのか」を学び、実践しています。

入会

仏法真理を学んでみたい方へ

大川隆法総裁の教えを信じ、学ぼうとする方なら、どなたでも入会できます。入会された方には、『入会版「正心法語《しょうしんほうご》」』が授与されます。

ネット入会　入会ご希望の方はネットからも入会できます。
happy-science.jp/joinus

三帰《さんき》誓願《せいがん》

信仰をさらに深めたい方へ

仏弟子としてさらに信仰を深めたい方は、仏《ぶっ》・法《ぼう》・僧《そう》の三宝《さんぼう》への帰依を誓う「三帰誓願式」を受けることができます。三帰誓願者には、『仏説・正心法語』『祈願文《きがんもん》①』『祈願文②』『エル・カンターレへの祈り』が授与されます。

幸福の科学 サービスセンター
TEL 03-5793-1727
（受付時間／火～金:10～20時　土・日祝:10～18時（月曜を除く））

幸福の科学 公式サイト
happy-science.jp

ハッピー・サイエンス・ユニバーシティ

Happy Science University

ハッピー・サイエンス・ユニバーシティとは

ハッピー・サイエンス・ユニバーシティ（HSU）は、大川隆法総裁が設立された「現代の松下村塾」であり、「日本発の本格私学」です。
建学の精神として「幸福の探究と新文明の創造」を掲げ、チャレンジ精神にあふれ、新時代を切り拓く人材の輩出を目指します。

人間幸福学部　経営成功学部　未来産業学部

HSU長生キャンパス TEL **0475-32-7770**
〒299-4325　千葉県長生郡長生村一松丙 4427-1

未来創造学部

HSU未来創造・東京キャンパス
TEL **03-3699-7707**
〒136-0076　東京都江東区南砂2-6-5　公式サイト **happy-science.university**

学校法人 幸福の科学学園

学校法人 幸福の科学学園は、幸福の科学の教育理念のもとにつくられた教育機関です。人間にとって最も大切な宗教教育の導入を通じて精神性を高めながら、ユートピア建設に貢献する人材輩出を目指しています。

幸福の科学学園

中学校・高等学校（那須本校）
2010年4月開校・栃木県那須郡（男女共学・全寮制）
TEL **0287-75-7777** 公式サイト **happy-science.ac.jp**

関西中学校・高等学校（関西校）
2013年4月開校・滋賀県大津市（男女共学・寮及び通学）
TEL **077-573-7774** 公式サイト **kansai.happy-science.ac.jp**

仏法真理塾「サクセスNo.1」

全国に本校・拠点・支部校を展開する、幸福の科学による信仰教育の機関です。小学生・中学生・高校生を対象に、信仰教育・徳育にウエイトを置きつつ、将来、社会人として活躍するための学力養成にも力を注いでいます。

TEL 03-5750-0751（東京本校）

エンゼルプランV

東京本校を中心に、全国に支部教室を展開しています。信仰に基づいて、幼児の心を豊かに育む情操教育を行っています。また、知育や創造活動を通して、子どもの個性を大切に伸ばし、天使に育てる幼児教室です。

TEL 03-5750-0757（東京本校）

不登校児支援スクール「ネバー・マインド」

TEL 03-5750-1741

心の面からのアプローチを重視して、不登校の子供たちを支援しています。

ユー・アー・エンゼル!（あなたは天使!）運動

障害児の不安や悩みに取り組み、ご両親を励まし、勇気づける、障害児支援のボランティア運動を展開しています。

一般社団法人 ユー・アー・エンゼ

TEL 03-6426-7797

NPO活動支援

いじめから子供を守ろうネットワーク

学校からのいじめ追放を目指し、さまざまな社会提言をしています。また、各地でのシンポジウムや学校への啓発ポスター掲示等に取り組む一般財団法人「いじめから子供を守ろうネットワーク」を支援しています。

公式サイト mamoro.org　ブログ blog.mamoro.org

相談窓口 TEL.03-5544-8989

百歳まで生きる会

「百歳まで生きる会」は、生涯現役人生を掲げ、友達づくり、生きがいづくりをめざしている幸福の科学のシニア信者の集まりです。

シニア・プラン21

生涯反省で人生を再生・新生し、希望に満ちた生涯現役人生を生きる仏法真理道場です。定期的に開催される研修には、年齢を問わず、多くの方が参加しています。

全世界212カ所（国内197カ所、海外15カ所）で開校中。

【東京校】 TEL 03-6384-0778　FAX 03-6384-0779

メール senior-plan@kofuku-no-kagaku.or.jp

幸福実現党

内憂外患《ないゆうがいかん》の国難に立ち向かうべく、2009年5月に幸福実現党を立党しました。創立者である大川隆法党総裁の精神的指導のもと、宗教だけでは解決できない問題に取り組み、幸福を具体化するための力になっています。

幸福実現党 釈量子サイト shaku-ryoko.net
Twitter 釈量子@shakuryokoで検索

党の機関紙
「幸福実現党NEWS」

幸福実現党 党員募集中

あなたも幸福を実現する政治に参画しませんか。

○幸福実現党の理念と綱領、政策に賛同する18歳以上の方なら、どなたでも参加いただけます。
○党費:正党員（年額5千円［学生 年額2千円］）、特別党員（年額10万円以上）、家族党員（年額2千円）
○党員資格は党費を入金された日から1年間です。
○正党員、特別党員の皆様には機関紙「幸福実現党NEWS(党員版)」(不定期発行）が送付されます。

＊申込書は、下記、幸福実現党公式サイトでダウンロードできます。
住所:〒107-0052 東京都港区赤坂2-10-8 6階 幸福実現党本部
TEL 03-6441-0754 FAX 03-6441-0764
公式サイト hr-party.jp

幸福の科学出版

大川隆法総裁の仏法真理の書を中心に、ビジネス、自己啓発、小説など、さまざまなジャンルの書籍・雑誌を出版しています。他にも、映画事業、文学・学術発展のための振興事業、テレビ・ラジオ番組の提供など、幸福の科学文化を広げる事業を行っています。

アー・ユー・ハッピー？
are-you-happy.com

ザ・リバティ
the-liberty.com

幸福の科学出版
TEL **03-5573-7700**
公式サイト **irhpress.co.jp**

THE FACT
ザ・ファクト
マスコミが報道しない「事実」を世界に伝えるネット・オピニオン番組

ザ・ファクト 検索

NEW STAR PRODUCTION

ニュースター・プロダクション

「新時代の美」を創造する芸能プロダクションです。多くの方々に良き感化を与えられるような魅力あふれるタレントを世に送り出すべく、日々、活動しています。 公式サイト **newstarpro.co.jp**

ARI Production

ARI《アリ》 Production《プロダクション》

タレント一人ひとりの個性や魅力を引き出し、「新時代を創造するエンターテインメント」をコンセプトに、世の中に精神的価値のある作品を提供していく芸能プロダクションです。 公式サイト **aripro.co.jp**

大川隆法　講演会のご案内

大川隆法総裁の講演会が全国各地で開催されています。講演のなかでは、毎回、「世界教師」としての立場から、幸福な人生を生きるための心の教えをはじめ、世界各地で起きている宗教対立、紛争、国際政治や経済といった時事問題に対する指針など、日本と世界がさらなる繁栄の未来を実現するための道筋が示されています。

2019年12月17日 さいたまスーパーアリーナ「新しき繁栄の時代へ」

2019年10月6日 ザ ウェスティン ハーバーキャッスル トロント(カナダ)「The Reason We Are Here」

2019年7月5日 福岡国際センター「人生に自信を持て」

2019年3月3日 グランド ハイアット 台北(台湾)「愛は憎しみを超えて」

2019年7月13日 ホテル イースト21東京「幸福への論点」

講演会には、どなたでもご参加いただけます。
最新の講演会の開催情報はこちらへ。⟹ 大川隆法総裁公式サイト https://ryuho-okawa.org